AF436565

REDIMENSIÓNATE Y EXPRÉSALO EN SALUD

Dra. Ilgora C. Pizzolante Teppa
Coaching de salud

EDIQUID

Una mirada interior transitando los seis niveles neurológicos de la pirámide de Robert Dilts

AGRADECIMIENTOS

Agradezco a la Academia de Coaching y Capacitación Americana por la excelencia en la programación de su curso de Natural Health Coach y la extraordinaria calidad de sus mentores, así como por darme el impulso que me permitió llevar a la acción la realización de este trabajo.

A Írisz Császár, Mentor Coach Internacional, mi mentora principal en el curso, por su calidad profesional y su calidez personal, por su gran apoyo, por ser siempre entusiasta y muy generosa con sus conocimientos.

A Jacqueline Betancourt, Mentor Coach Internacional, por su ejemplo de tenacidad, por la motivación que transmite con la pasión con que realiza su trabajo, y por tener a bien escribirme el prólogo de este libro.

A mi hija, Ilgora Aguilera, por el esfuerzo en ayudarme en la parte digital y en los detalles relacionados a la comprensión del texto, vigilante de la claridad del mensaje, pese a las múltiples actividades que tiene como madre de cuatro hermosísimos hijos.

A mi hija, Gabriela Aguilera, por su gran apoyo y cuidadosa dedicación en todos los aspectos relacionados a la redacción y edición del libro, para lo cual me dio del tiempo que, normalmente, dedica al encuentro con su maravillosa familia.

A mi hija, Ilce Aguilera, y a Alfredo Sabatino, Psicólogo, Máster en Educación, quienes se tomaron el tiempo para leer detenidamente el libro y darme sus opiniones constructivas.

A mi nieta, Nicole Aguilera, por su hermoso arte, puesto en acción en la elaboración de la portada de este libro.

A mis hijos, César y Mariana Aguilera, y a mi sobrino Román Pizzolante, por su apoyo incondicional.

DEDICATORIA

Dedico este trabajo a mi familia, a la cual amo profundamente; a mis amigos, que, en el recorrido de mi vida, se hicieron parte de mi familia; a mis pacientes, que por muchos años con su confianza, me dieron el permiso para compartir sus tristezas y alegrías, sus dolores y sinsabores, sus verdades y esperanzas; y a todas las personas que tengan a bien leer estas líneas, con las que quiero contribuir al logro de los resultados que desean en salud, bienestar, paz interior y una mayor calidad de vida.

PRÓLOGO

Luego de su proceso de formación como coach profesional, en la especialidad de salud, nuestra querida **Dra. Ilgora C. Pizzolante Teppa** implementó su visión en este libro, *Redimensiónate y exprésalo en salud,* escrito para hombres y mujeres valientes que acepten el reto de tomar resoluciones en la redimensión para una mejor vida saludable.

Recuerdo que comencé a preguntarme ¿qué sucedería si los hombres y mujeres de esta generación tomaran este tipo de resoluciones y se comprometieran por completo a vivir por lo que más importa, por el poder de expresar su bienestar a través de la transformación de esta área (la salud) en sus vidas? ¿Y si dejáramos a un lado nuestro pasado, aclaráramos nuestras convicciones y viviéramos fielmente a nuestro SER, durante el resto de nuestra vida? Estoy segura de que muchos hombres y mujeres que tengan este libro en sus manos en este momento tomarán una resolución personal y vivirán en consecuencia. ¡Ahora les toca a ustedes!

Ilgora Pizzolante se sumergió en este proyecto con pasión, acompañada y convencida de que Dios la ha escogido como un instrumento de transformación para cada mujer y hombre que se encuentre en su camino. Pizzolante está llamada en esta nueva etapa de su vida a reflejar su pleno propósito y potencial. Ella abraza la vida con gozo y satisfacción y se reconoce su fidelidad en todas las áreas de su vida. Ahora comprende que todo este proceso, de redimensión, valió la disciplina y el autosacrificio.

Redimensiónate y exprésalo en salud te estimulará y desafiará. Le hablará a la mejor parte de tu **SER**. Te recordará tu valor inestimable y las razones por las cuales fuiste creado y te impulsará a definir qué es lo más importante en tu vida: **TU SALUD**. Este libro te alentará, inspirará e incluso te provocará o quizás hasta te irritará. Pero a cada paso te llevará a dedicarte a realizar y cumplir objetivos que te traerán bendiciones y alegrías, que reflejarán lo mejor de ti.

A medida que avance tu lectura comenzarás a analizar las decisiones que has tomado, que tomas y cómo las tomarás; también analizarás las perspectivas a las cuales te aferras. Empezarás a afinar tu visión e irás transformando gran parte de lo que crees sobre los diferentes roles en tu vida. Es exactamente lo que la **Dra. Ilgora C. Pizzolante Teppa** espera que hagas.

Creemos que este libro puede transformar tu vida, tus relaciones, tus hijos, tu salud, tus creencias, tus hábitos, tu bienestar, tus amistades y tu entorno. ¿Por qué? Porque está basado en verdaderas experiencias vivenciales, de muchos años dedicados al campo de la salud, de mucho valor y profunda enseñanza.

Así que permíteme ser clara: este libro está sesgado. Tiene el deliberado propósito de no considerar las acciones del pasado, o de tu pasividad o de la pasividad de los miembros de tu familia, tu pareja, o de la gente que esté en tu entorno. Se trata de lo que **TÚ** harás a partir de hoy, viendo la salud en su totalidad, holísticamente hablando. Si este libro está en tu vida en este momento particular es para que tomes una decisión difícil que has pospuesto por mucho tiempo, pero que te es necesaria confrontar con cada uno de estos capítulos y temas que están presentados con una fuerte dosis de valentía, una disposición prodigiosa de mirar hacia adentro y una confianza firme. Hay trabajo por hacer y resoluciones que tomar...

Es cierto que sentirás a veces que no es posible hacerlo con tus propias fuerzas... ni tengas miedo de admitirlo... Todos queremos creer que podemos ser una mejor persona... ni buena ni mala... Todos los seres que hemos sido transformados, en nuestro proceso, hemos recurrido a la guía y apoyo de nuestro coach, instructor, mentor o tutor. No solo ha sido posible para nosotros, sino también realista y alcanzable, y en este día es posible para ti también con este extraordinario libro que tienes en tus manos.

Espero que lo leas despacio y con determinación, no con la intención de terminarlo rápido, sino de participar en cada uno de los capítulos, ejercicios y afirmaciones o quizás efectuando alguna aplicación práctica sugerida para que la implementes. Te aliento a que te tomes tu tiempo, a para que puedas poner en práctica lo que estás leyendo dentro del ritmo de tu vida. Y decide considerar dónde estás parado respecto a cada capítulo. Después, dedica el tiempo para practicar lo que resuelvas implementar en tu vida, en tu salud y en tu **SER**.

A medida que **Ilgora Pizzolante** comparta estas líneas contigo, conocerás, reflexionarás y asentirás con la cabeza en cada capítulo, porque tu vida se verá también reflejada en sus páginas. Tal vez te estremezcas cuando uses la verdad de este libro para modelar tu salud holísticamente y hacerte crecer como **SER** humano. Pero no temas dejar que eso suceda: todo lo que aquí está escrito es necesario que lo apliques a tu vida para poder transformarte en el maravilloso **SER QUE ESPERAS SER**.

Así que busca un lugar en tu casa o en el espacio en que puedas disfrutar y digerir más la lectura. Abre tu corazón, tu mente e incluso pídele a Dios que te ayude a entretejer todos estos principios en tu vida cotidiana.

Luego observa lo que pasa contigo, cuando empiezas a aplicar todo lo que este libro te sugiere que hagas y verás lo que *Redimensiónate y exprésalo en salud* hace en el horizonte de tu vida: cambios buenos cuyo momento es **AHORA.**

Ajústate el cinturón de seguridad y disfruta de tu nuevo comienzo.

Y recuerda **LA TRANSFORMACIÓN NO TOLERA LA MEDIOCRIDAD** y si decides **TRANSFORMAR** tu vida y tu salud, entonces hazlo en **EXCELENCIA.**

Bendiciones hasta que sobreabunden.

Jacquelin Betancourt
Mentor Coach Internacional
Coach/Mentor/Speaker
Autora del libro *Coaching para ser*

INTRODUCCIÓN

El conocimiento de nosotros mismos no es cosa fácil, pero es imprescindible como paso inicial para tomar consciencia de quiénes somos, hacia dónde vamos, cómo y con quién queremos ir, qué hacemos, cómo lo hacemos, por qué y para qué lo hacemos... Ese conocimiento, aunado a las respuestas que damos a nuestras propias preguntas existenciales, que son, a la vez, preguntas universales, generan una perspectiva, dentro de las posibilidades y elecciones de vida, que nos permite evolucionar en un desarrollo personal que busca su plenitud, llevándonos a la mejor versión de nosotros mismos mediante la realización de la tarea que tenemos todos de expresar nuestros más altos rasgos humanos.

En este orden de ideas, planteo repensar nuestras dimensiones humanas y su integración. Corporalidad, psiquismo, espiritualidad y dimensión social expresan al unísono nuestra salud. Numerosas disciplinas han desplegado información sobre nuestra biología y psicología. Recientemente, las neurociencias y la física cuántica han realizado aportes novedosos que cambian paradigmas y nos incorporan en una visión ampliada sobre nosotros y nuestra conexión con el mundo y el universo, del cual somos parte y no nos podemos desligar.

El valor de la salud hoy tiene una connotación especial en la cual vale la pena insistir, en la que se da prioridad a considerar todo lo que nos acerca a ella, la fomenta, la mantiene y la proyecta desde nuestro ser hacia nuestro hacer y tener, y no a limitarnos a valorarla solo cuando estamos enfermos. Este nuevo enfoque dicta la pauta para involucrarnos en la salud con compromiso, invitando a construirla y expresarla en nuestra experiencia de vida.

El concepto holístico se hace eco de esta visión ampliada de la salud al tomar en consideración todas nuestras facetas e interrelaciones, que incluyen la relación con nosotros mismos, con los demás, con el mundo y, más allá de él, con la trascendencia. La disciplina del coaching ofrece numerosas herramientas para conocernos y para intervenir en áreas de nosotros mismos en las que no estamos obteniendo los resultados que deseamos o que nos ofrecen ciertas dificultades. Dentro de ellas, utilizaré la «Pirámide de Niveles Neurológicos», una herramienta de PNL propuesta por Robert Dilts, utilizada en el coaching, que me parece de un grandísimo valor para conocernos y para identificar en cuál o cuáles niveles podrían estar ubicadas nuestras dificultades, el origen de nuestros comportamientos de riesgo para la salud y las posibilidades de intervención para transformar lo necesario.

Los comportamientos de riesgo empobrecen nuestra salud y son altamente frecuentes en la población de adolescentes, adultos jóvenes y mayores. Tabaquismo, abuso de alcohol, alimentación inadecuada y sedentarismo son todos comportamientos modificables, por lo que resulta doloroso que se registren en las estadísticas globales de la Organización Mundial de la Salud año tras año como causantes de más del 70 % de muertes por enfermedades crónicas, incluyendo muertes prematuras, es decir, en adultos jóvenes, que han podido ser evitables.

Subyacen a estos comportamientos de riesgo las experiencias como la vivencia de emociones negativas que no sabemos gestionar, creencias irracionales que no nos cuestionamos, pensamientos negativos que dejamos instalar, valores no puestos en acción, estrés crónico y falta de sentido en nuestras vidas, que, de una forma o de otra, pueden terminar dando lugar a la pérdida de la salud.

Con esta introducción, quiero transmitirte los objetivos de este trabajo, que son:

1. Crear consciencia e interés por el valor de tu salud y bienestar, considerando todas sus dimensiones: corporalidad, psiquismo, espiritualidad e interrelaciones personales. Hago hincapié en las oportunidades que tienes a diario para involucrarte en tu salud, es decir, vivir su valor.

2. Proporcionarte herramientas para identificar y gestionar quién estás siendo, qué tipo de pensamientos tienes, cuáles emociones y

sentimientos anidas, qué creencias y valores posees, cuáles son tus talentos, tu sentido de vida, espiritualidad, actitudes y comportamientos, ya que todo ello es parte de tu salud, bienestar y crecimiento personal.

Transitaremos durante la lectura por un primer capítulo dedicado a la comprensión de las dimensiones humanas y las dimensiones de la salud, y explicaré las nuevas tendencias en cuanto a salud y la situación actual de las enfermedades no transmisibles como principales causas de mortalidad y enfermedad en el mundo. En el segundo capítulo haré referencia a lo que es el coaching en general, y al coaching de salud en particular, como disciplina emergente en el acompañamiento de los «clientes» o «*coacheés*», para que, a través de la liberación de su potencial, obtengan los logros de salud deseados. Haré mención muy especial de la pirámide de niveles neurológicos de Robert Dilts, ya que vamos a trabajar con ella en cada uno de los capítulos siguientes (3-6).

En el tercer capítulo, me referiré a los niveles inferiores de la pirámide, que corresponden a entorno y comportamiento, enfocados en las acciones saludables y no saludables. En el cuarto capítulo, trataré sobre capacidades, haciendo énfasis en emociones y sentimientos, y su relación con la salud y la enfermedad. En el capítulo quinto trataré sobre pensamientos, creencias y valores relacionados con salud o enfermedad. En el capítulo sexto trato aspectos de la identidad y la espiritualidad, relacionados a su influencia en los niveles intermedios e inferiores de la pirámide, y a la necesidad de alinear en forma congruente los niveles superiores de la pirámide con los intermedios e inferiores en la génesis de los procesos de transformación que dan lugar a los comportamientos de salud. Cada uno de los capítulos encierra cómo se tejen tus experiencias hacia la salud y bienestar, o hacia la enfermedad.

Después de cuarenta y ocho años de experiencia en el campo de la medicina, interactuando con pacientes, con sus diferentes necesidades, dudas, desconocimientos, negaciones, vulnerabilidades y resistencias, y, por otra parte, sus deseos de obtener información, de compromiso, de ayuda, de superación, de control de sus enfermedades y de sanación..., y después de haber ampliado mi propia búsqueda en la profundización de lo que somos y nuestra relación con el mundo y vínculos trascendentes, he querido realizar este trabajo para ti, encontrando en la Pirámide de Niveles Neurológicos la mejor herramienta para tratar las diferentes facetas humanas y todas sus conexiones. Para cada nivel, así como en todos los aspectos relacionados a salud y coaching, realicé la búsqueda bibliográfica que respalda los objetivos que quiero cumplir. Adicionalmente, elaboré un cuestionario de seis preguntas, cada una basada en un capítulo del libro, y lo suministré a cincuenta personas. El análisis de las respuestas me proporcionó una referencia más precisa para elaborar sus contenidos.

El libro está dirigido tanto a personas sanas que quieran profundizar en la manera de ver y vivir la salud en todas sus dimensiones como a personas que tengan algún o algunos factores de riesgo para su salud, motivándolas a gestionarlos para permanecer saludables. Es de interés para personas que presenten alguna enfermedad, promocionando para ellas la transformación a la que pueden acceder para lograr resultados satisfactorios en el proceso de la enfermedad y/o recuperación de la salud. Y, por otra parte, por el enfoque de los temas tratados, todos relacionados al coaching y salud, puede ser también de utilidad para el coach de salud y personas que, no siendo coach, trabajen en esta área.

Con la esperanza de que sean estas unas líneas motivadoras, de información útil, de invitación a la acción, de mejoras personales y logros para tu vida, te deseo, muy apreciado lector, todas las bendiciones en todos los días de tu maravillosa vida. Una de esas bendiciones, tenlo siempre presente, es la salud. Apréciala, agradécela, disfrútala y nunca la pierdas de vista.

Que la palabra «salud» resuene en tu interior de una nueva forma, como más significado tenga para ti, como un aroma, o una melodía, como caricia, como luz, lo que sea de tu preferencia, pero que estremezca lo más profundo de ti cuando la pienses, cuando la nombres, haciendo que, a consciencia, te involucres con ella, ¡y, así, no la dejes ir!

CONTENIDO

CAPÍTULO 1

EL SER HUMANO Y LAS DIMENSIONES DE SU SALUD

El ser humano

En la actualidad se ha producido importante información, proveniente de numerosas disciplinas, para tratar de esclarecer el misterio de lo que es el hombre, esto es, para acceder a una mejor comprensión de cómo somos, cómo funcionamos, cómo podemos sacar más provecho de nuestra singularidad y de nuestra relación con nosotros mismos, con las otras personas, con la naturaleza, con el universo y con la trascendencia.

A través de millones de años de evolución, el crecimiento y desarrollo del lóbulo prefrontal del cerebro, la complejidad de sus conexiones neuronales con otras áreas cerebrales, la emergencia de la consciencia (en sus aspectos de autoconsciencia o consciencia de nosotros mismos), la consciencia reflexiva, la capacidad de comunicarnos por medio del lenguaje, el uso fino de las manos y la bipedestación nos brindaron la oportunidad de desarrollarnos como especie humana.

En los primeros años de vida, el intercambio relacional es crucial e impostergable, así como lo es el intercambio afectivo con los padres o los tutores. Cubrir las necesidades fisiológicas y la sobrevivencia de los pequeños, y hacerlos sentir seguros es, junto al darles afecto, lo que permite al niño el crecimiento cerebral en sus estructuras y la multiplicación de las conexiones neuronales propias para ese momento de la vida, que, de no darse, se traduce en consecuencias negativas importantes para la fisiología, la psicología y comportamientos en edades posteriores. La necesidad de ser social está presente a lo largo de nuestras vidas. ¿Qué significa eso? Para desarrollarnos y subsistir necesitamos de otros seres humanos. Si no hay un «tú», ¿habrá un «yo», o un «nosotros»? Es de allí que nace la cultura y la historia de las civilizaciones.

Es bueno recordar que el ser humano es una obra «inconclusa», por lo que tenemos la tarea de terminar esa maravillosa obra por nosotros mismos hasta llegar a la plenitud. Tenemos un cerebro que estimular, habilidades que adquirir, sentimientos hermosos que compartir e inteligencias por descubrir y desarrollar, las cuales son nuestros dones o talentos. Tenemos necesidades de sobrevivencia y también de realización personal, y ambos tipos son tan importantes que, si bien las primeras son nuestras necesidades básicas, las de autorrealización son la aspiración de todo ser humano. Como dice el padre de la pirámide de la jerarquía de necesidades humanas, Abraham Maslow: «Si deliberadamente planeas ser menos de lo que eres capaz de ser, te advierto que serás profundamente desdichado por el resto de tus días».

Son cualidades propiamente humanas la consciencia de uno mismo; consciencia de lo que está «bien» o «mal»; ideas; pensamientos; diálogos internos; imaginación; juicio crítico; entendimiento; planificación; toma de decisiones; memoria; lenguaje; aprendizaje; voluntad; sentimientos; creencias; actitudes; redes de conexiones cognitivas, afectivas y espirituales; abrirse a ir más allá del yo; buscar la trascendencia, propósito y significado de la vida; el anhelo de inmortalidad, y el espacio de libertad y responsabilidad.

¿Qué es el hombre?

El hombre ha sido estudiado desde múltiples disciplinas. Según el antropólogo Edgar Morín, el hombre lleva en sí la polaridad, es decir, los opuestos: «es un ser racional e irracional, capaz de mesura y desmesura, sujeto de afecto intenso e inestable, sonríe, ríe, llora, sabe conocer objetivamente, es un ser serio y calculador, pero también es gozador, ebrio, extático, es un ser de violencia y de ternura, de amor y de odio», y me parece importante agregar, en este momento, que siempre tendrá ese espacio de libertad interior donde realizará sus elecciones, de donde procede la responsabilidad de sus decisiones. ¿Por qué responsabilidad? Porque no es un ser aislado, y, por tanto, sus actos afectarán a sí mismo y también a los demás. El hombre es un ser tan complejo que, a pesar de todos los aportes en su estudio por parte de diversas disciplinas, se coincide hasta ahora en que realmente el hombre en sí es un misterio.

El hombre es corporalidad, es psiquismo que abarca lo cognitivo y lo afectivo (su alma), y es espiritualidad, que le hace buscar el significado a su existencia y lo conecta o vincula con una inteligencia superior que lo trasciende.

El hombre es energía sutil y energía densa. En su mayor proporción, energía sutil. Los pensamientos, las emociones y los sentimientos son energía, y en lo más diminuto de sus células, es energía. El cuerpo catalogado como «materia» es también energía, pero energía densa. Sabemos que estamos constituidos por casi todos los elementos del Universo; que, como en él, nuestra constitución más elemental está en los átomos y espacios subatómicos, y que, en estos, los espacios vacíos hacen un altísimo porcentaje. Estos espacios no son realmente «vacíos», porque son frecuencias vibratorias registrables, cuyo significado, como mecanismo de información, está siendo actualmente estudiado.

Somos 5 % o menos de consciencia, y subconscientes e inconscientes en 95 % o más. La consciencia trabaja con lo que le prestamos atención. Una cantidad de estímulos pasa directamente al inconsciente, adonde enviamos también, muchas veces, lo que no nos gusta de nosotros, para que se convierta en lo que se llama nuestra «sombra».

La corporalidad, el psiquismo y la espiritualidad son aspectos o dimensiones constitutivas de lo que somos, de lo que es nuestro ser indivisible. Somos más que la suma de las partes, pero es que tampoco tenemos partes, simplemente somos una unidad. Sin embargo, cada ser humano es único, se trata de la diversidad dentro de la unidad.

La interioridad es el ámbito íntimo de la persona, donde nos encontramos con lo que somos, donde procesamos lo que nos llega del exterior. Reflexionamos, soñamos, imaginamos, trascendemos. De este espacio brota el silencio, los cuestionamientos, la atención, la contemplación, se trata de nuestro mundo interior. «Cada cabeza es un mundo» es un refrán cuyo sentido está basado en la interioridad, en los procesos mentales que nos hacen interpretar el mundo de una manera particular, por lo que no existe la misma realidad para las personas.

En una búsqueda para entender por qué las personas son diferentes, por qué unas cambian y otras no, Don Beck y Chris Cowan, continuando los estudios iniciales de Clare Graves (1950), identifican ocho tipos de consciencia, desde las formas más primitivas, que se corresponden con las de las primeras civilizaciones, a las formas más evolucionadas vistas en la actualidad, que son la consciencia integral y la holística. Volveré sobre ellas, ampliando la información, en el capítulo seis. Sin embargo, las traigo en este momento para destacar la importancia de la evolución de la consciencia en la forma en que organizamos nuestras experiencias y comportamientos. Los niveles no son estáticos, en diversos aspectos podemos expresar niveles de consciencia diferentes y, con base en ello, propone Beck: «no habría distintos tipos de personas, sino distintos tipos en las personas».

Salud

Concepto de Salud

Desde el año 1946, la Organización Mundial de la Salud (OMS) define la salud como un estado completo de bienestar físico, mental y social, y no solamente como ausencia de enfermedad.

La salud holística considera la visión total de la persona, pasando a tener en cuenta su forma de vida integral, donde toma consciencia del impacto de sus acciones sobre sí misma y sobre lo que la rodea. La mirada es hacia estar integrados, en salud y bienestar físico, mental (intelectual más emocional), espiritual y social. Se constituye en una filosofía de vida, en una forma de estar contigo mismo, con la naturaleza, con todos los seres vivos y con el universo.

Centrarse en la salud y todo aquello que la protege, la origina y la mantiene es una visión reciente en el hemisferio occidental, no siendo así en las tradiciones antiguas orientales, en las que el hombre cuida de su salud, sus energías y su forma de estar en el mundo desde hace miles de años. Esta visión oriental se viene compartiendo en nuestro mundo occidental desde hace varias décadas, donde las ciencias, en sus líneas de investigación, están corroborando mucho de lo que esas tradiciones ya venían diciendo y haciendo.

El sociólogo Antonovsky (1979), se planteó interrogantes acerca de qué se encuentra en los orígenes de la salud: ¿por qué unos individuos son saludables, y otros no, ante situaciones adversas similares? A partir de allí, comenzó su investigación, llegando a varias conclusiones sobre su perspectiva salutogénica, que, junto a la de la psicología positiva (Scales, 1999), da un vuelco o cambio de foco hacia el origen de la salud y no al origen de la enfermedad. Los resultados de estas investigaciones aún no han sido del todo aprovechados en el marco de la promoción de la salud. Este cambio de perspectiva en la visión de la salud es llamado *modelo salutogénico.*

Sobre los componentes principales que caracterizan los comportamientos de salud, Antonovsky nos habla del «sentido de coherencia» (SOC), que incluye:

- Comprensión de lo que acontece
- Visión de las propias habilidades para manejarlo
- Capacidad de convertir lo que se hace en satisfactorio y con significado para la vida

Antonovsky identificó, en su modelo salutogénico, «recursos generales de resistencia» (GRR) que estarían relacionados con el SCO que procede del propio individuo, de su contexto sociocultural y del entorno físico y natural. Así, a pesar de que algunas personas hayan estado expuestas a adversidades, unas están protegidas de los efectos negativos por ciertas características, como la autoestima, la autoeficacia, el optimismo, el apoyo familiar o las redes sociales.

Las investigaciones de B. Lindstron y M. Erickson nos dicen que mientras más SCO y más GRR haya, habrá menos comportamientos de riesgo para la salud, como tabaquismo, exceso de alcohol, alimentación no saludable o actividad física deficiente, lo cual es bienvenido en la promoción de la salud y en el afrontamiento de las enfermedades crónicas.

Recientemente, Morgan, A. & Ziglio, E. (2007) han desarrollado un modelo para promocionar la salud basado en cualquier factor o recurso que potencie la capacidad de los individuos (competencia social, compromiso con el aprendizaje, valores positivos, autoestima y voluntad), las comunidades (redes de apoyo de familiares y amigos, cohesión comunitaria) y las poblaciones para mantener la salud y bienestar, lo que definen como «activos para la salud».

La naturaleza holística de la salud y el bienestar implican un fuerte sentido de responsabilidad personal para involucrarse en tener el mayor estado de salud posible. De acuerdo con Traves, J, «el bienestar es una elección; un camino de vida; un proceso; una eficiente canalización de la energía; una integración de mente, cuerpo y espíritu, y una amorosa aceptación de sí mismo».

Dimensiones de la salud

♦ Corporalidad

Se refiere al cuerpo físico en el contexto de sus experiencias. Los estímulos ingresan al cuerpo a través de los órganos de los sentidos, se procesan en el cerebro y se expresan como respuesta. El cuerpo está constituido por células, tejidos, órganos y sistemas que tienen una funcionalidad indescriptiblemente compleja. Su funcionamiento es automático, es decir, inconsciente para nosotros. No tienes que pensar en respirar, poner a latir tu corazón, hacer la digestión, eliminar toxinas o responder a gérmenes; para ello, el cuerpo está dotado de maravillosos y asombrosos mecanismos. Si lo concientizáramos y lo apreciáramos, no interferiríamos con ellos, dejando que cumplan su cometido, y estaríamos muy cerca de «honrarlos», realizando siempre comportamientos de salud.

El cuerpo es, muchas veces, una dimensión ignorada. No se le presta atención, no se escucha lo que nos quiere decir cuando se manifiesta a través de algún síntoma. Es olvidado, es blanco de abuso de drogas, de alcohol y tabaquismo, o víctima de violencia y agresión. Es sujeto a maltrato, y también es sometido a la sobrecarga psíquica del estrés crónico, o la sobrecarga mecánica del sobrepeso.

La corporalidad se expresa en el lenguaje, que es 93 % no verbal y 7 % verbal. Se expresa en el movimiento, en lo que confeccionan nuestras manos, en la sexualidad. Detrás de sus acciones está quien pensamos que somos, lo que creemos y valoramos; están nuestras emociones y, así, reímos o lloramos, manifestamos ira, dolor, ansiedad, depresión, miedo, sorpresa, alegría, amor, entusiasmo... El cuerpo es un canal abierto para la emocionalidad y el sentimiento. Detrás de su expresión se encuentran también nuestras decisiones, habilidades, actitudes y la espiritualidad, que dirige lo que hacemos. El respeto a nosotros mismos y a los demás pasa por el respeto del cuerpo.

Y tú... ¿qué haces para proteger tu cuerpo?

◆ Psiquismo/mente (lo cognitivo, lo emocional)

El asiento de la mente es el cerebro, en sus diversas estructuras, en la complejidad de las redes sinápticas neuronales, en sus neurotransmisores, en sus hormonas. También es cierto que no está confinada solo al cerebro, ya que su extensión está en el cuerpo, a través de diversos mecanismos, como el sistema nervioso autónomo, por ejemplo, las respuestas celulares a través de sus receptores, los neurotransmisores, los flujos de energía, la vibración, los campos sutiles electromagnéticos, la magnitud de la expresión del inconsciente... Hay neuronas en el corazón, también en el intestino. De hecho, el neurotransmisor serotonina se produce en alto porcentaje en el intestino. Un campo reciente de investigación relaciona el tipo de flora intestinal con salud o enfermedad, diferenciando, así, una flora intestinal en pro de la salud y otra relacionada a la enfermedad.

La mente nos permite la experiencia y la vivencia de nuestro mundo interior, y dicta la forma en que nos queremos relacionar con el exterior, personas, objetos, animales, naturaleza, el mundo y el cosmos en general. Aprendizaje, memoria, consciencia y autoconsciencia son parte de nuestros procesos mentales. Somos seres racionales, pero también emocionales y, en la mayor parte de las ocasiones y de forma inconsciente, las emociones o sentimientos ganan a la hora de tomar decisiones, por lo que las decisiones pueden resultar lógicas o ilógicas.

Comprender la dinámica de la mente es de suma importancia para usarla a nuestro favor y no en contra; usarla como amiga, no como enemiga. Existen hábitos de pensamientos y hábitos emocionales, y, según los resultados que vamos generando, sabremos si esos hábitos nos están empoderando o nos están limitando. Es importante, en este sentido, resaltar que el cerebro tiene una propiedad a la que se ha llamado «neuroplasticidad», que nos permite «desaprender» para cambiar los aprendizajes que no nos sirven por otros que sí nos sirvan. Al incorporar nuevos conocimientos y hacer nuevos hábitos, las conexiones neuronales, las sinapsis y redes neuronales de los viejos hábitos pueden ser desactivadas, para dar paso a las nuevas redes que se producen con los hábitos que estamos transformando, que cada vez que se usen se verán reforzadas. Así nacen y se pueden modificar nuestros mapas mentales, que proceden de nuestras experiencias y hábitos, percepciones y significados, desaprendizajes y aprendizajes.

◆ Espiritualidad

La espiritualidad es la más alta dimensión humana, es la dimensión de la trascendencia. En línea horizontal salimos hacia los otros seres humanos, nuestros congéneres, y en línea vertical hacia ese «algo» o «alguien» superior, que está por encima de nosotros, que nos trasciende y que adopta diferentes nombres según nuestras creencias, como Dios, Universo o Campo. La trascendencia lleva a un sentimiento de conexión, a un vínculo que nos define y nos proyecta, generando un sentido de vida que alinea lo que somos y lo que hacemos. La espiritualidad, como la más alta dimensión humana, busca respuestas a preguntas existenciales que todos nos hacemos, y en las respuestas nacen nuestras actitudes ante la vida, las cosas, la naturaleza, el cosmos, nosotros mismos, la dirección hacia la que vamos, y el para qué y para qué más de nuestra razón de ser. Es como una luz que ilumina la oscuridad y nos da sentido y fuerza en el caminar cotidiano.

A la vez, la espiritualidad se define actualmente como una forma de inteligencia, dado que hay personas que tienen mayor inclinación y se les hace más fácil percibir, buscar y experimentar las vivencias espirituales.

La experiencia espiritual nos hace amorosos y compasivos. Se citan espiritualidades sin Dios, donde el sentimiento de conexión con el Todo se da a través del Universo, la naturaleza, las artes o la ética.

La espiritualidad, anteriormente, se buscaba aislándose del mundo, pero hoy se da mucho valor a la espiritualidad dentro del mundo, la espiritualidad personal que se refleja en este y nos hace transformarnos hacia la plenitud que podemos ser, compartiendo el amor, la generosidad, la compasión y el respeto a la dignidad de todo ser humano.

Actualmente, materia/espíritu no son consideradas dualidad. Somos la integración de nuestras dimensiones en una unidad que se llama ser humano. Se ha llegado a una aproximación de limar las diferencias entre ciencia y religión, o ciencia y espiritualidad, debido a las investigaciones realizadas en el campo de las neurociencias, la neuroteología y la física cuántica, que han aportado y siguen aportando avances que dan lugar a cambios de paradigmas.

Las personas espirituales cultivan relaciones más profundas y duraderas, construyen redes de acción social de servicio y de apoyo que son beneficiosas para la salud propia y para la salud de las comunidades. La fe, la confianza, la oración, la esperanza y el amor orientan hacia comportamientos más saludables y hacia una gestión positiva de situaciones adversas. El sentido de la existencia hila los contratiempos en una línea de vida, permitiéndonos responder con mayor resistencia al afrontar adversidades que pueden derivar en la génesis de enfermedades.

Hay estudios que muestran una menor duración de los días de hospitalización en personas que son asiduas a la participación de servicios religiosos, igualmente que evolucionan más satisfactoriamente, y que la mortalidad es menor que la mortalidad de personas que no asisten con regularidad. Se han investigado y evidenciado los efectos positivos que tiene la oración a distancia sobre personas enfermas.

El efecto de la espiritualidad sobre los otros tipos de inteligencia, como la emocional, personal, interpersonal y ecológica, puede ser base para sentimientos, comportamientos y resultados acordes con la salud. Su proyección, a través de la inteligencia musical, espacial, lógico-matemática, kinestésica y lingüística, ofrece, igualmente, espacios de salud y bienestar.

◆ Dimensión social

Los determinantes sociales de la salud son las circunstancias en que las personas nacen, crecen, viven, trabajan y envejecen, e incluyen el sistema de salud y las políticas adoptadas a nivel mundial (OPS/OMS, 2017). Las más vulnerables son las clases más bajas de la sociedad y los países de menor ingreso. Las desigualdades sanitarias se podrían reducir con una correcta combinación de políticas gubernamentales.

Aspectos positivos de la influencia social hacia la salud son la educación y el acceso a alimentos nutritivos, a servicios públicos y apoyo social. El aislamiento tiene efecto deletéreo sobre la salud, el caso contrario es la conexión social. Los familiares, amigos e instituciones que prestan servicios a las comunidades acompañan y apoyan los comportamientos de salud.

Un entorno saludable hace referencia a edificaciones calles, espacios abiertos, infraestructura en general y condiciones para promover la actividad física. La clasificación y uso del suelo, efectos en la calidad del agua, del aire y sanidad en general, la morfología de las ciudades influye en el estilo de vida de las personas. Las áreas de recreación, parques y jardines tienen repercusión en la salud física y mental.

Línea salud enfermedad

Podemos imaginar la salud y la enfermedad en una línea. Pensamos que se hace discontinua cuando aparece la enfermedad, pero entre salud y enfermedad van ocurriendo cambios a los que no prestamos atención, a los que no damos importancia, o cuya relación con el riesgo de enfermedad simplemente desconocemos, hasta que el médico nos dice «tienes una condición pre-X enfermedad», por ejemplo, prehipertensión arterial, o prediabetes, que ya están plenamente identificadas. Y entonces comienza a cambiar la línea, ahora no dice salud, dice preenfermedad y, si no haces nada al respecto, va hacia la enfermedad. En este caso, de prediabético pasas a diabético, de prehipertenso pasas a hipertenso. El cambio en esta línea no tiene edad, es progresivo; tiene relación, la mayoría de las veces, con el estilo de vida que adoptes, y es silencioso. Presta atención a los resultados que estás generando. Los comportamientos de riesgo para la salud hablan por sí solos, tienen su propio lenguaje. Obsérvate, escúchate y toma acción. Realiza los cambios que tengas que efectuar.

En el siguiente diagrama, represento lo que puede ser la evolución de un estado de salud que progresa hacia la enfermedad y la mortalidad.

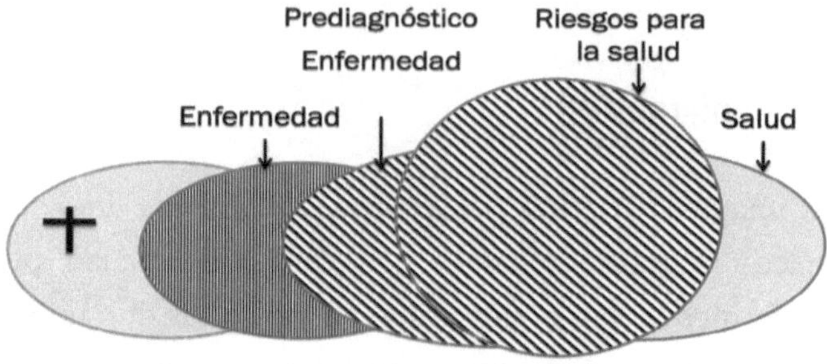

Rayados: factores de riesgo para la salud: tabaquismo, exceso de alcohol, alimentación no saludable, falta de actividad física, síndrome metabólico, sobrepeso, obesidad, hipertensión arterial, abuso de drogas, actividad sexual no segura, falta de sueño reparador, exposición solar sin protección, exposición ocupacional sin equipos de protección, actitudes de riesgo, estrés, ansiedad, ira, hostilidad, depresión crónica, creencias limitantes, falta de sentido de la vida.

Epigenética y salud

Recientemente, una línea de investigación ha generado información importante sobre la influencia que tiene en la salud nuestro modo de vivir.

La epigenética, más allá de la genética, nos muestra que, en la mayoría de los casos, la enfermedad ocurre por la «activación» o «desactivación» de los genes, que hacen que se exprese o no se exprese (Lipton, B., 2018). Lo que comemos que no es saludable, o lo que dejamos de comer que es saludable, la cantidad que comemos, la actividad física que realizamos o dejamos de realizar, si dormimos o no las horas suficientes, o si nuestras emociones son positivas o negativas, es decir, dañinas. Igual, lo que pensamos o lo que creemos, si es positivo o negativo; la práctica de comportamientos de riesgo adquiridos, como el tabaquismo, el exceso de la ingesta de alcohol, el abuso de drogas ilegales; las relaciones sexuales, promiscuas, sin protección; exposición solar, igualmente, sin protección, entre 10:00 a.m. a 4:00 p.m., son todas condiciones modificables. Y, sin embargo, si permanecen allí, son las causas más frecuentes de enfermedad y mortalidad por enfermedades no transmisibles, que, por tanto, pudiesen haber sido prevenidas. La epigenética abre, entonces, un mundo de posibilidades para la acción, para la salud y la prevención de la mayoría de las enfermedades.

Enfermedades crónicas – Importancia – Mortalidad y morbilidad

Las enfermedades crónicas no transmisibles son enfermedades degenerativas frecuentes en la población general, como también son frecuentes sus factores de riesgo. A medida que avanza la edad, es más probable presentar una de ellas, pero, igualmente, pueden ocurrir en adultos jóvenes, con la consiguiente disminución de la calidad de vida, aparición de discapacidades y mortalidad prematura (OMS, 2018).

Las enfermedades crónicas más frecuentes son las cardiovasculares (infarto miocardio y accidentes cerebrovasculares); cáncer, sobre todo los de tipo digestivo, respiratorio, y reproductivo; diabetes tipo 2 (del adulto, ahora vista en niños); enfermedad broncopulmonar obstructiva crónica; insuficiencia renal, insuficiencia hepática; SIDA; demencias, tipo Alzheimer, vasculares y mixtas; osteoartrosis, osteoporosis y otras. Las enfermedades cardiovasculares, el cáncer, la diabetes y la enfermedad broncopulmonar obstructiva crónica fueron causa del 71 % de la mortalidad mundial para el dos mil dieciocho, y cuatro factores de riesgo modificables son los responsables de la mayoría de casos de mortalidad y morbilidad. Ellos son tabaquismo, dietas no saludables, actividad física insuficiente y exceso de alcohol.

Es lamentable que, siendo enfermedades prevenibles, la mortalidad de personas entre 30 y 79 años casi llega a 20 %, considerándose que son muertes prematuras de acuerdo con las expectativas de vida en la actualidad.

Evidencias científicas de la efectividad del coaching en la salud

Comparando los resultados de hacer coaching de salud y educación por parte de expertos en la obtención de resultados de salud, se ha evidenciado una superioridad del coaching para reducir la HbA1C en diabéticos (A1C=hemoglobina glucosilada, examen de sangre que nos dice sobre el control glucémico de la persona con una condición diabética o prediabética en los últimos tres meses), y reducción del índice de masa corporal también en pacientes con diabetes. El coaching es superior en el control del dolor en pacientes con cáncer, disminución de problemas emocionales, aumento de la actividad física, reducción del colesterol, reducción de peso, aumento de la ingestión de frutas y calcio en adolescentes femeninas y reducción de la depresión. Se ha registrado una mayor adherencia a los tratamientos con medicamentos, mayor participación en consultas de seguimiento, monitoreo de la glucosa, mejores controles de glucemias, mayor consumo de frutas y vegetales, menor estrés, disminución de la ingestión de sodio, reducción de tiempo de hospitalización, entre otras.

Mi propuesta para ti

Diariamente, pregúntate:

¿Qué hice para estar en conexión conmigo mismo?

¿De qué manera viví mi día? ¿Me dirigen los demás o tengo el control de mí mismo?

¿Mis comportamientos son reactivos o proactivos?

¿Mis comportamientos me acercan a la salud o me alejan de ella?

¿Estoy comprometido con mis resultados de salud?

¿Me siento responsable de mi salud?

¿Lo que pienso y digo me da poder en el vínculo conmigo mismo?, ¿o me debilita?

¿Cómo es mi vínculo con los demás? ¿Soy, para los demás, parte de una experiencia positiva? ¿Qué tomo de los demás para mi mundo de aprendizajes y experiencias positivas?

¿Cómo es mi vínculo con Dios o con el Todo? ¿Me siento parte de un sistema que va más allá de todo?

¿De qué manera me siento conectado con la humanidad?

¿Qué hago para mostrar al mundo que estoy vinculado con la humanidad?

Conclusiones

1. El conocimiento de nosotros mismos como humanos posibilita el desarrollo de nuestras potencialidades como valor.
2. A través de la concientización de nuestras dimensiones (corporal, psíquica [intelectual y emocional], social y espiritual), viviremos en integración, en salud y bienestar, y alcanzaremos el desarrollo personal en plenitud.
3. La salud, como valor, nos invita a involucrarnos responsablemente en comportamientos saludables y a analizar y cuestionarnos sobre todo aquello que hay detrás de nuestros comportamientos, si son hacia salud o hacia enfermedad (pensamientos, creencias, emociones, sentimientos, capacidades, quienes estamos siendo, espiritualidad, entorno, relaciones familiares, de trabajo, amistades) y no solo analizarlos, sino gestionarlos, transformar lo que haya que transformar.
4. Somos responsables de nuestras elecciones. Si optamos por la salud, nuestros comportamientos deben ir dirigidos hacia ella.
5. La consciencia humana evoluciona, y para ello necesita que desarrollemos más sensibilidad hacia lo que somos y lo que nos rodea, una mayor percepción, ya que no estamos aislados, somos parte de un todo. La integración influye positivamente en la salud.
6. Delimita con qué «activos» cuentas para tu salud.
7. Desarrolla un estilo de vida saludable, ya que todo lo que haces o dejes de hacer te lleva a «activar» o «desactivar» genes, y así decidirás entre salud y enfermedad.
8. Amplía tu información sobre las enfermedades crónicas y ten presente la prevención. No te causes daños.
9. Ten como filosofía de vida vivir en salud y en bienestar.

CAPÍTULO 2

COACHING DE SALUD. ¿QUÉ PUEDES ESPERAR?

¿Qué es el coaching?

El coaching es una disciplina donde el coach ayuda a su cliente a alcanzar lo mejor de sí y a obtener los resultados que desea, tanto en su vida personal como profesional. El coach ayuda a mejorar el desempeño y aumentar la calidad de vida. Está entrenado para escuchar, observar y personalizar su enfoque hacia las necesidades individuales del cliente. El coach busca que sus clientes encuentren estrategias y soluciones, y cree que el cliente es naturalmente creativo e ingenioso. El trabajo del coach es dar soporte al cliente para aumentar sus herramientas, recursos y la creatividad que ya tiene (Federación Internacional de Coaching, 2007).

Dicho de otra manera, el coaching es una disciplina donde el cliente, que viene porque necesita resultados que no ha obtenido hasta el momento, fija el objetivo deseado a través de una asociación de acompañamiento con el coach, e inicia un proceso de transformación desde la situación en que se encuentre en la actualidad hasta la situación donde alcanzará su objetivo.

El compromiso del cliente o *coacheé* es imprescindible, ya que él es el protagonista de su proceso y de sus resultados, por lo cual su honestidad consigo mismo es importante, así como la disposición del coach con su profesionalismo para llegar a los resultados deseados. El coach es facilitador del proceso, provocando que el *coacheé* haga una búsqueda dentro de sí mismo y libere su potencial.

En el proceso, el coach utiliza una metodología que busca concientizar al cliente sobre su situación actual y sobre lo que piensa, cree, siente y valora para definir su situación deseada.

El coach se sirve de una serie de herramientas propias del coaching, como la generación de un espacio de confianza y confidencialidad, las preguntas «poderosas» que inducen al *coacheé* a buscar respuestas importantes para su proceso, y la escucha «activa» que le permita captar lo que dice el cliente, lo que expresa y también lo que no expresa verbalmente; herramientas procedentes de otras disciplinas, como la programación neurolingüística, y herramientas comunes a otros quehaceres, como la visualización dirigida, meditación con atención plena, entre otras.

¿De dónde viene el coaching como profesión?

El «coach», que se traduce como *entrenador*, surge con el concepto de entrenadores deportivos, y es esa la imagen que nos viene todavía cuando se habla de coaching. Pero el coaching, como lo ejercemos ahora, viene del cambio de paradigma que realizó Tim Gallwey, entrenador de tenis, cuando propuso que además de la preparación técnica y física, el jugador debía prepararse psicológicamente para lograr el máximo rendimiento, y edita un libro (1974) hasta hoy muy difundido, *El juego interior del tenis*. Esta necesidad de mejorar el rendimiento de las personas y las organizaciones a través de nuevas metodologías y técnicas que involucran la psicología y otras especialidades trajo, en los años noventa, la popularización del coaching.

Hoy en día es una disciplina que, sirviéndose de muchos conocimientos que tienen que ver con el ser y quehacer humano, se ha convertido en una disciplina independiente, estando enfocada a la obtención de resultados con los propios recursos del cliente, que pueden ser innatos o adquiridos.

El coach profesional debe honrar un compromiso de ética con todas las personas a quienes hace coaching (Federación Internacional de Coaching).

¿Qué tipos de coaching hay?

Hay numerosos tipos de coaching: coaching de vida, de salud, integral, holístico, empresarial, ejecutivo, de liderazgo, deportivo, estratégico, ontológico, de acción, por valores, de familia, de pareja, para adolescentes, emocional, de éxito y sistémico, entre otros.

¿En qué consiste el Coaching de Salud?

El coaching de salud tiene que ver con objetivos y procesos que generan resultados favorables de salud. La salud, por definición, tiene dimensiones: cuerpo, mente (aspectos cognitivos y emocionales), relacional y espiritual, así que, de una manera u otra, tiene que ver con todos los aspectos de la persona, enfocados hacia la expresión de estas en salud. El proceso del *coacheé* es de autodescubrimiento, fijación de objetivos, plan de acción y ejecución de las acciones que llevan hacia los resultados deseados. El coach acompaña y facilita el proceso.

¿Qué es el coaching holístico?

El coaching holístico es el coaching que se ejerce con el enfoque integral. Cuerpo, mente (intelecto + emocionalidad), dimensión social y espiritualidad. No descuida ninguna de las áreas, porque todas son importantes para la salud, para la vida.

Tipo de coaching al que se orienta este libro

El coaching de salud de este libro es un «coaching desde el ser», porque las transformaciones que propone vendrán desde el ser del *coacheé*. Es un tipo de coaching integral y holístico. Es una propuesta hacia la «REDIMENSIÓN» del ser, expresado en salud, que a la vez sirve de apoyo al crecimiento personal en plenitud, a la reafirmación del sentido del vivir y a la máxima satisfacción de la vida.

¿Qué no es el coaching?

El coaching no es una terapia. El coach no es un terapeuta, por lo que si el coach determina que su cliente necesita un terapeuta deberá referirlo.

El coach no es un educador, sin embargo, si el cliente no tiene conocimientos sobre algún tema de importancia para seguir adelante con el proceso, el coach puede suministrar la información conveniente.

El coaching no es asesoría. El coach busca que el *coacheé* descubra o desarrolle destrezas, recurra a sus fortalezas y valores, realice estrategias, decida objetivos y establezca sus mejores planes de acción para lograr sus resultados. De ninguna manera el coach le dirá a su *coacheé* qué es lo que debe hacer.

El coaching no es una mentoría donde hay una relación de desarrollo personal, en la que una persona con mayor conocimiento y experiencia ayuda a otra menos experimentada o con menor conocimiento.

¿Qué presupuestos usa el coaching?

En la construcción de habilidades, el coaching usa presupuestos de la PNL:
1. Cada cual tiene los recursos que necesita o puede adquirirlos.
2. En cualquier situación, cada cual toma la mejor opción que puede.
3. El comportamiento humano está dotado de propósito.
4. ¡Si quieres comprender, actúa!

Importancia de la metodología del coaching en los problemas de salud o en la prevención de enfermedad

Abandonar los estilos de vida, así sean inconvenientes, no es fácil. Darse cuenta de que tus pensamientos no te llevan a ninguna parte, que tus creencias te están limitando, o que tus emociones se pueden gestionar de otra manera tampoco es fácil, porque se opone la resistencia al cambio.

Es importante que las personas, en general, o los pacientes, en particular, se «den cuenta» de que algo no anda bien y luego quieran obtener otros resultados a través del convencimiento de que pueden explorar todas las posibilidades para elegir la mejor opción. Explorar alternativas con ilusión da un sentir diferente para tomar acciones con resultados distintos, para romper rutinas y para salir de los círculos viciosos. Cuestiónate y atrévete a transformar lo que decidas que quieres transformar.

¿Por qué razones se puede solicitar coaching?

Se busca el coaching cuando hay algo que no va bien entre lo que eres y lo que quieres ser, entre lo que tienes como ideal y la realidad, entre los resultados que quieres y los que estás teniendo, que no son lo que tú quieres.

Los pacientes de consulta de diversas especialidades pueden solicitar coaching cuando se les indica qué comportamientos deben asumir para su óptimo control y no saben cómo afrontar los cambios que tienen que dar para obtener los resultados deseados y sentirse cómodos al mismo tiempo.

Los médicos les decimos a los pacientes qué esperamos de ellos para la buena evolución de las enfermedades que presentan o a las que están predispuestos, lo cual casi siempre está relacionado a «cifras»: cifras de glucemia, cifras de colesterol, cifras de triglicéridos, cifras de presión arterial y cifras de kilogramos que se deben pesar o bajar, entre otras. Una vez que se prescribe una dieta u otras indicaciones médicas que el paciente debe abordar, este se siente desasistido, sin siquiera saber si desea llegar a esas cifras, o cómo lo hará, o si tiene que renunciar a sus rutinas sin estar motivado a otras; se le abren varias puertas donde, en vez de tratarse, muchas veces opta por «dejar pasar», es decir, «veremos en la próxima consulta», y el paciente sigue igual, a la defensa de sus rutinas. No quiere agravarse, pero tampoco quiere hacer algo, o hace poco al respecto, en muchas oportunidades. Pocos logran un cambio desde el ser que les permita incorporar las sugerencias prescritas, realizando un verdadero proceso de transformación con un sentimiento de entusiasmo y alegría.

Por último, el coaching de salud también puede ser utilizado en los programas de promoción de la salud y prevención de enfermedad.

El coach trabaja con:

- Ética.
- Compromiso.
- Generación de confianza y confidencialidad.
- Empatía.
- El coach no juzga al *coacheé* ni sus situaciones.
- Escucha activamente.
- Identifica canales sensoriales y reconoce el significado de posturas en el *coacheé*.
- Precisa la situación actual del cliente, hacia dónde quiere llegar y qué resultados quiere obtener.
- Facilita la formulación de un objetivo y la elaboración de un plan de acción por parte del *coacheé*.
- Facilita la búsqueda y organización de los recursos del cliente para llevar a cabo su plan de acción.
- Promueve el desarrollo de habilidades.
- Promueve el cambio del «observador», que es el cliente.
- Usa técnicas para traer del inconsciente a lo consciente.
- Usa técnicas de inteligencia emocional para facilitar el autoconocimiento, el control, la motivación y la eficacia en la gestión de sí mismo, así como para promover las destrezas necesarias en la gestión del estrés crónico y las emociones negativas.

- Asiste en lo relacionado a la inteligencia espiritual y en el encuentro de las respuestas de quién se es, quién se está siendo o quién se quiere ser.
- Facilita la identificación y cambio de creencias limitantes, cambios de comportamientos y actitudes, motivación, búsqueda de fortalezas, oportunidades, grado de satisfacción de las diferentes áreas de la vida y equilibrio entre cuerpo, mente, espíritu y relaciones.
- Usa preguntas poderosas.
- Usa técnicas de programación neurolingüística.
- Usa modelos mentales.
- Técnicas de visualización.
- Técnicas de relajación.
- Técnicas de meditación.
- Ejercicios corporales.
- Herramientas como la rueda de la vida y la salud.
- Otras técnicas y herramientas.

El *coacheé* trabaja con:

- Compromiso: el compromiso es imprescindible. El coach va a estar para el *coacheé*, para favorecer la transformación que desea, pero será la autodeterminación y el compromiso del *coacheé* lo que lo llevará a avanzar en el proceso y a lograr sus objetivos.
- Actitud participativa.
- Responsabilidad.
- Honestidad.
- Entrega al proceso con confianza, encontrando su propia motivación y los recursos que requiere para obtener los resultados que desea.

¿Qué se espera del *coach* y *coacheé* en las sesiones de *coaching*?

¡Resultados! Resultados que produzcan salud en todas sus dimensiones, traducidas en satisfacción y bienestar en el *coacheé*, que serán motivo de satisfacción también para el coach. El proceso lleva a un cambio del «observador», que es el *coacheé*; o sea, un cambio favorecedor que lo lleva a percibir lo que antes no percibía. Por otra parte, lleva al desarrollo de habilidades que tal vez ignoraba que tenía o que no tenía y a la gestión de la emocionalidad que le dificulta estar en paz y en bienestar, resolver conflictos, cambiar creencias limitantes, ser quien desea ser, tener coherencia en sus valores y comportamientos, omitir comportamientos de riesgo, reafirmar su sentido de vida y su trascendencia. Con la trasformación que logra, vivirá la experiencia de una vida más próspera, satisfactoria, feliz y exitosa.

Programación Neurolingüística (PNL) como herramienta de coaching

Lo que nos dicen sus siglas (Borquez, S, 2002):

P. relacionada al proceso de organización de los componentes de sistemas de las representaciones sensoriales, con el fin de obtener resultados específicos. Desde que nacemos, construimos programas en base a lo que vemos, escuchamos, saboreamos, olemos y tocamos que nos han generado formas de pensar y comportarnos. Todo lo que hacemos o no hacemos es el resultado del conjunto de nuestro aprendizaje, de nuestras experiencias, racional y emocional, consciente e inconsciente, y esos programas están sujetos a cambio.

N. concepto neurológico. Consiste en el tratamiento que damos, a través del sistema nervioso, a los datos internos y externos que recibimos.

L. Alude al lenguaje y sistema de comunicación verbal y no verbal.

La metodología para intervenir sobre los programas que hemos construido, mediados por el sistema nervioso, canales sensoriales y lenguaje es la práctica de la PNL.

Entonces, la PNL es un conjunto de métodos y técnicas basadas en la programación con la que aprendemos y destinadas a ser aplicadas para promover los cambios necesarios y conseguir los resultados que deseamos.

¿Qué es un modelo mental y para qué sirve saberlo?

Los modelos mentales son la manera en la que organizamos la información y nuestras experiencias, y se traducen en la forma en la que «interpretamos» el mundo, las cosas, las personas, las situaciones y nuestra vida.

No es la realidad, solo es un «mapa» del territorio que es la realidad. Nuestro mundo es un mundo de interpretaciones.

Los modelos mentales están hechos a base de nuestras creencias racionales o irracionales, juicios, actitudes, valores, emociones, aprendizajes, estrategias, normas, que conforman nuestra experiencia única.

La PNL distingue tres mecanismos que, combinados, construyen nuestros mapas:

1. Generalización: cuando, a partir de una o varias experiencias, deducimos reglas generales.
2. Eliminación: cuando dirigimos la atención hacia determinados aspectos de la experiencia, excluyendo otros.
3. Distorsión: cuando transformamos los datos que nos proporciona la experiencia.

¿Qué criterios seguimos para realizar estas tres operaciones?

La PNL distingue cuatro criterios, que llama «FILTROS» del proceso.

1. Creencias.
2. Valores.
3. Representaciones pasadas y futuras.
4. Metaprogramas.

Los filtros se relacionan entre sí y se influyen. El filtro de la información a los cinco sentidos determina la parte del mundo que percibimos, procesamos y registramos. Por eso no hay dos personas con el mismo modelo de la realidad, porque cada persona tiene experiencias únicas y construye sus propios filtros.

Con base en Jung, se distinguen tres clases de metaprogramas en los individuos:

1. Procesos cognitivos internos: que separa las personas en intuitivas y sensoriales.
2. Estados cognitivo-emocional-fisiológico internos: que separa las personas en racionales y emotivas.
3. Orientación externa: que separa las personas en introvertidas y extrovertidas.

Consciente e inconsciente en los procesos de transformación

Recuerda que nuestro inconsciente hace el 95 % de nuestro trabajo mental. Su aporte es a favor de nuestro desempeño, pero puede ser que en algunos comportamientos o decisiones esté en contra. El inconsciente es el lugar donde se alojan nuestras creencias y nuestras motivaciones, desde allí vamos a las acciones y a nuestras reacciones. Para ejemplificar, la comunicación no verbal es el 93 % de la comunicación, reflejada en gestos y lenguaje corporal del cual no nos damos cuenta.

¿Qué hace que te des siempre con la misma piedra?

¿Qué hace que te molestes tanto por algo sin mucho sentido?

¿Qué hace que no te sientas merecedor del éxito?

¿Qué hace que tengas conflicto con algún comportamiento no deseado?

Puede que una parte de ti quiera un cambio, la consciente, pero otra parte de ti no lo quiera, el inconsciente, y se presentarán dificultades hasta que logres ponerlas de acuerdo.

¿Qué hacer para extraer del inconsciente la colaboración que necesita tu consciente?

Cuestionarte, preguntarte y buscar respuestas, pasar por un trabajo de «introspección», ir dentro de ti y reconocer de qué te estás dando cuenta. Podrías preguntarte:

¿Qué resultados estoy obteniendo con mi comportamiento actual?

¿Qué es lo que podría cambiar?

¿Qué estoy ganando con mi comportamiento actual? (beneficio del comportamiento a cambiar)

¿Cuál es mi motivación para mi comportamiento actual?

¿Cuál es la motivación que me llevaría al cambio deseado?

¿Cuál es la creencia que me mantiene atado a un comportamiento?

¿Cuál creencia puedo generar para la transformación?

¿Cuál es el valor que estoy defendiendo?

¿Cuál valor me llevaría al comportamiento deseado?

¿Cómo preservaría el beneficio que he obtenido con mi comportamiento a transformar, al planificar un comportamiento nuevo?

Hay varias maneras de trabajar con nuestro inconsciente. Una es la hipnosis, otra más asequible es la programación neurolingüística, y otra la simbología de los sueños. Los lapsus, los actos fallidos (algo que vamos a hacer y nos desviamos a otra cosa), y los olvidos selectivos, son manifestaciones del inconsciente. Una forma común es ampliar lo que hasta ahora percibes, «darte cuenta», ser un mejor observador de ti (cómo piensas, qué sientes, qué haces o dejas de hacer), y de lo que te rodea, de tu interrelación con todo. Conviértelo en un ejercicio diario, poniendo foco en lo que estás haciendo, no andar en «piloto automático». Cuestiónate y respóndete con honestidad.

¿Por qué es importante asomarnos hacia nuestro inconsciente?

Lo que hemos enviado al inconsciente porque no nos gusta de nosotros se va a expresar, de una forma inconveniente, como mecanismos de defensa. Estos mecanismos pueden traer problemas, unas veces porque dificultan la relación contigo mismo y no te dejan avanzar, y otras veces porque entorpecen la manera de relacionarte con los demás, ¡y la vida está hecha de relaciones!

Metáfora del iceberg y organización de las experiencias

Gregory Bateson, antropólogo y científico social inglés, identificó un sistema de niveles lógicos en los procesos de la mente, que tienen que ver con el aprendizaje y el cambio (1973). Los ordenó por niveles de complejidad y los diagramó como metáfora en un iceberg, colocando, en la parte visible, entorno y comportamientos, que son niveles menos complejos y evidenciables; inmediatamente debajo en profundidad, los niveles de capacidades, creencias y valores, y en la parte más profunda, la identidad y transpersonalidad. Los cambios más duraderos son los que se producen en los estratos más profundos, y afectan a los estratos más superficiales.

Robert Dilts, pionero de la PNL, identifica los niveles como niveles neurológicos, por ser los niveles lógicos en los que organizamos la información, la experiencia y también la forma como se incorporan los cambios. Estructuró una pirámide, en la cual invirtió el orden de los niveles, colocando los menos complejos en la base de la pirámide, subiendo en orden de complejidad hacia la cima del triángulo, anexando un nivel superior, el nivel espiritual. Estos niveles son individualmente tratados en su publicación «Coaching, herramientas para el cambio» (2004). Tenemos, entonces, de la base a la cima: entorno, comportamientos, capacidades, creencias y valores, identidad y nivel espiritual.

PIRÁMIDE DE NIVELES NEUROLÓGICOS DE ROBERT DILTS

Tiene un sitial de «honor» en este libro, ya que la usaré como herramienta de información y práctica. Información, en el sentido de facilitarte el acceso al conocimiento general de tus procesos internos, que son los que generan tus comportamientos, lo que a la vez te brinda la oportunidad de identificar el nivel o niveles donde se pueden estar gestando tus conflictos. Como práctica, te da la oportunidad de intervenir el nivel o niveles involucrados en la transformación que deseas.

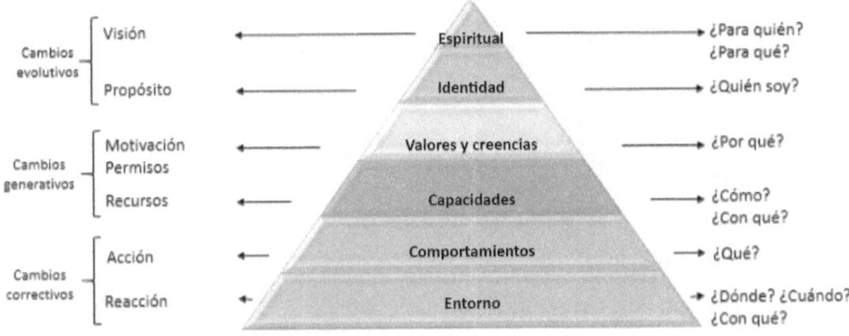

Pirámide de niveles neurológicos de Robert Dilts

Las reglas que rigen los cambios son distintas en cada uno de los niveles, y obedecen a las siguientes premisas, explicadas por Carrión (1996):

1. La función de cada nivel consiste en organizar la información del nivel inmediatamente inferior.

2. Las reglas que rigen los cambios son distintas para cada uno de los niveles.

3. Un cambio en un nivel superior, casi con toda seguridad, afectará en diversos puntos de los niveles inferiores.

4. Un cambio en un nivel inferior no tiene por qué afectar necesariamente los niveles superiores.

5. Un nivel inferior mal estructurado es como un soporte insuficiente para el nivel superior más «pesado».

En párrafos anteriores, me referí a los modelos mentales o formas en las que construimos activamente nuestra interpretación de nosotros y del mundo que nos rodea. Cada nivel de la pirámide participa en la construcción de esta interpretación.

La necesidad humana más alta es la de autorrealización (Abraham Maslow, 1943). Vemos que, en la pirámide de niveles neurológicos, la cima del triángulo es la espiritualidad. Dirigirnos hacia el desarrollo del nivel más alto que tenemos los seres humanos facilita la vida, y los logros de satisfacción y felicidad se hacen duraderos.

Te pregunto…

¿De qué te estás dando cuenta? Si eres sincero, probablemente es mucho lo que se te está pasando sin darte cuenta…

¿Qué estás haciendo contigo, con tu salud? ¿Lo que estás haciendo te ayuda a conservarla?, ¿o te está alejando de ella?

¿Qué estás haciendo con tu vida, con tus relaciones, con tus finanzas, con tu disfrute…?

También podría preguntarte:

¿Hay algo que quieras cambiar, que sea significativo para mejorar tus resultados?

¿Cuáles son tus deseos, tus ilusiones? ¿A qué aspiras?

¿Qué necesitas para lograrlo?

Cuando llegues a lo que quieras ser, viviendo tu vida, tu propósito y tu misión con sentido, te sentirás feliz, en paz, armónico y autorrealizado, y harás una buena contribución para los que van contigo en este caminar que es la vida.

R. Dilts propone preguntas específicas en cada nivel que te invitan a darte respuestas:

Entorno: ¿Dónde? ¿Cuándo? ¿Con quiénes? Es el nivel de reacción.

Comportamiento: ¿Qué? ¿Qué es lo que hago o quiero hacer? Es el nivel de acción.

Capacidades: ¿Cómo? ¿Con qué? Es el nivel de los recursos.

Creencias y valores: ¿Por qué? Tus creencias te otorgan el permiso para hacer lo que haces. Tus valores son la motivación y dirección de tus acciones.

Identidad: ¿Quién soy? Es el nivel de misión.

Espiritual: El nivel espiritual responde a las preguntas «¿para quién?» y «¿para qué?»

Los cambios que ocurren a nivel de comportamiento y entorno son correctivos. Los cambios a nivel de capacidades, creencias y valores son cambios generativos. Y los cambios a nivel de identidad y espiritual son cambios evolutivos.

Los cambios en los niveles comportamiento y entorno son del hacer, los cambios en los otros niveles (capacidades, creencias, valores, identidad y espiritualidad), son cambios a nivel del ser. Dilts llama al cambio del nivel espiritual el «despertar», insight, cambio de «observador».

Brito Galindo y García Perdomo, en su artículo «Pirámide de niveles neurológicos de Dilts y el para qué: un modelo de modelos y una pregunta clave para el coaching» (2014), proponen dividir el nivel espiritual de la pirámide en dos, para fines más prácticos. Son ellos los niveles transpersonal y trascendente, que obedecerían a las preguntas:

En el nivel transpersonal, ¿para quién más? En el trascendente, ¿para qué?

A esta sugerencia de cambio, yo, particularmente, me sumo, por considerarlo funcional y acorde con lo que se quiere transmitir, ya que salimos de nosotros mismos hacia los demás (transpersonal), y, por otra parte, hacia aquello que está más allá de todo lo conocido. Para unos, es Dios; para otros, el universo, una mente mayor que nos acoge a todos y de la que todos formamos parte. Este es el nivel transcendente.

Los Capítulos 3-6 están destinados al abordaje de los niveles de la pirámide, con el propósito de que te sitúes en ellos, te conozcas mejor, identifiques dónde están tus dificultades y qué acción puedes tomar al respecto.

Conclusiones

1. El coaching es un gran aliado cuando hay algo que quieres resolver y no has podido solo.
2. El coaching de salud te brinda la oportunidad de llegar a los resultados que quieres. Más aún, redimensionarte (cuerpo, mente, espíritu y relaciones) y expresarlo en salud, porque trabajas desde tu ser.
3. La manera de avanzar en la vida no es dar por cierto todo lo que pensamos y que lo que hacemos es perfecto, es cuestionarnos, reflexionar y, con motivación y pasión, tomar el camino que nos lleve al logro de objetivos, satisfacción y bienestar, alineando com-

portamientos con capacidades, creencias, valores, identidad y espiritualidad.

4. Si cambiamos la manera en que «observamos» las cosas, las personas, las situaciones, nosotros mismos y nuestra vida, muchas cosas cambiarán para nosotros y para otros.

5. La mayor parte de nuestras vidas está orientada por lo que pasa en nuestro inconsciente. Después de observar lo que hacemos y nuestros resultados, es bueno dar una mirada hacia lo que puede estar en nuestro inconsciente y hacerlo consciente.

6. La programación neurolingüística nos ayuda a «reprogramarnos», más rápido de lo que pudiéramos pensar.

7. La pirámide de niveles neurológicos es una herramienta clara y sencilla de cómo abordarnos a nosotros mismos, transformarnos, o de cómo nos puede abordar el coach, para identificar e intervenir una situación por resolver.

8. La intervención sobre los niveles superiores de la pirámide siempre será mejor que la intervención directa en niveles inferiores.

9. Cuando ocurre una transformación a nivel superior, esta incidirá en la transformación en niveles inferiores.

CAPÍTULO 3

NIVEL ENTORNO Y COMPORTAMIENTOS ESPACIOS DE LIBERTAD Y RESPONSABILIDAD

Yo soy yo y mi circunstancia,
y si no la salvo a ella, no me salvo yo
Ortega y Gasset

NIVEL ENTORNO

¿Qué es el entorno?

Entorno es todo lo que está fuera de ti y que te rodea. Es en donde se desarrolla la actividad y la vida de las personas.

Los entornos influyen en las personas, y las personas influyen en algunos aspectos de estos. El entorno está compuesto por:

- Personas: es el entorno social, constituido por la familia, personas en la escuela, en el trabajo, vecinos y/o amigos.

- Entorno físico: relacionado a las construcciones, ciudades, barrios, calles, áreas verdes…

- Entorno cultural y religioso
- Entorno político y económico.
- Entorno natural: vinculado al medio ambiente, en el que todos jugamos un papel, ya que tiene que ver con la preservación del planeta. Tal es el caso de la capa de ozono, la pérdida de la biodiversidad, la deforestación y otros aspectos.

Voy a hacer tres comentarios relacionados, especialmente, al entorno y su repercusión en la salud antes de pasar al abordaje del coaching.

    a.   La influencia decisiva de los padres, o tutores, en los niños.

    b.   La selección de los amigos en los adolescentes.

    c.   La influencia del medio ambiente en la salud.

1. Influencia decisiva de los padres o tutores en los hijos: como seres sociales, es importante concientizar la influencia que tienen los padres o tutores en el desarrollo de los niños, sobre todo en los primeros años. Las necesidades de alimentación, seguridad, higiene y afecto deben ser cubiertas para que los niños puedan alcanzar, más adelante, un desarrollo saludable en todos los sentidos; hacer sus conexiones neuronales cerebrales, las cuales los hagan capaces de sentir confianza, seguridad, autoestima y afecto; generar neurotransmisores que favorezcan las actitudes positivas y procesar saludablemente el cerebro cognitivo y afectivo, ya que el cerebro es nuestra central de operaciones.

   El amor que se comparte es irreemplazable e impostergable, sus formas de expresión deben ser reafirmantes para el niño. Así, el contacto físico, los abrazos, los besos, las miradas de aprobación, la atención a lo que hacen, las palabras oportunas, el reconocimiento, el estímulo, el apoyo, la orientación, la corrección, la atención, los cuidados y el hacer del hogar un ambiente de armonía (que sea el fondo de sus aprendizajes y cálidas experiencias), será salud. De lo contrario, la falta de la expresión del amor, la agresividad o la violencia doméstica generarán problemas de desarrollo humano y enfermedades, las cuales encontrarán repercusiones en la sociedad.

Los padres o tutores no pierden el tiempo si se empeñan en ser mejores personas, buscando entregarse a esa misión sin igual y hacer que los pequeños seres humanos se conviertan en adultos sanos. Es una misión exigente, por lo que la paternidad y la maternidad debe ser el acto más responsable que podamos considerar. Sé tú, sano, feliz, armónico y equilibrado, y ve por la creatura que está bajo tu cuidado.

2. Selección de los amigos en los adolescentes: compartir con amigos y otras personas. En general, el sentimiento de fraternidad es una de las experiencias de relaciones más hermosas que hay. Con los amigos compartes chistes, juegos, celebraciones, tristezas, éxitos, momentos gratos, ingratos, duelos, estudios, recuerdos... en fin, innumerables situaciones. Cultivarlas es lo que da belleza a las amistades. En el contacto con la sociedad, es importante tener el valor *integridad,* para no dejarse llevar por las «ofertas» de personas que están inmersas en diferentes problemas, como delincuencia, abuso de drogas, narcotráfico, obtención de dinero «fácil»..., en los que, si caes, pierdes tu dirección. Tu elección y tu descontrol degenerarán en situaciones adversas en todos los aspectos de tu vida y la de otros. Por supuesto, ello incluye tu salud, y muy probablemente la de los que te rodean.

3. La influencia del medio ambiente en la salud es muy importante: los productos químicos procedentes de las industrias están contaminando el aire que respiramos. Las aguas mal tratadas, las enfermedades infecciosas por picada de mosquito, los problemas parasitarios o bacterianos, la pandemia global de influenza, ahora de la COVID-19, el rechazo a las vacunaciones y el VIH son problemas que azotan la salud pública. Igualmente, preocupan las enfermedades no transmisibles que tienen que ver con estilos de vida no saludables y cuyo panorama, por los momentos, no ha sido posible cambiar.

La ecología no solo tiene que ver con el medio ambiente, tiene que ver con la sociedad, con la cultura y con el hombre en general, porque «todo lo que existe, coexiste» (Leonardo Boff). No hay ecología sin una adecuada antropología, y, así, familia, trabajo, contextos urbanos y hasta la relación que tiene una persona consigo misma, generan una determinada forma de relacionarse con los demás y con el ambiente.

¿De qué manera aborda el coach el entorno del *coacheé*?

Es importante tener conocimiento del contexto donde se desenvuelve el *coacheé*: familia, amigos, ambiente laboral, etnia, religión, residencia y grado de satisfacción respecto a su entorno, ya que, aunque son datos subjetivos, son su propia apreciación.

La identificación de problemas, en este contexto, responde a las preguntas «¿dónde?», «¿cuándo?» y «¿con quién?».

El entorno adquiere mayor importancia en la vivienda o en el ambiente laboral cuando, aparte de los problemas relacionados a los espacios físicos (como son iluminación, temperatura, ruido, ventilación y confort), las relaciones con los familiares con los que convives, o, en el caso del trabajo, con los compañeros o jefes, se hacen conflictivas.

El nivel entorno es el espacio temporal de referencia para el contexto de nuestras experiencias. En el nivel entorno se dan los problemas de relaciones, los problemas de comportamientos de riesgo, se expresan los problemas de comunicación, los problemas de capacidades, los excesos del ego... Todo lo que expresamos tiene lugar en el nivel entorno.

En el entorno puede haber amenazas y también oportunidades, por lo que, cuando quieras cambiar un comportamiento, una relación o una situación, debes estudiar los dos puntos de vista. Unos obstaculizaran el cambio, mientras que los otros pueden facilitarlo. Contemplarás ambas situaciones cuando realices tus planes de acción, a fin de definir la estrategia.

¿Qué pasa cuando sientes que el conflicto con el entorno es insalvable?

Abre tu abanico de posibilidades y ve por otra opción, la más realista y alcanzable; establece un objetivo, con voluntad y con entusiasmo; forja tu plan de acción y dirígete con coraje hacia donde realmente quieras llegar.

NIVEL COMPORTAMIENTO

Vale la pena desglosar el término «salud» para poder ir hacia donde quiero llegar. Al hablar de salud, estamos hablando de todas sus dimensiones, y, así, tendremos que tener en primer lugar una actitud positiva, de motivación y de valor hacia la salud, la cual dirigirá nuestros comportamientos. Tendremos, entonces, actitud hacia la salud del cuerpo, actitud hacia la salud de la mente (en lo racional y lo afectivo), actitud hacia las relaciones interpersonales sanas y actitud hacia la salud espiritual.

Por otra parte, al hablar de comportamientos de salud, tenemos que especificar todos aquellos comportamientos en los que se asienta nuestra salud, que son, entonces, comportamientos dirigidos...

1. Hacia la corporalidad: comportamiento nutricional saludable, actividad física suficiente, sueño reparador, descanso, recreación, protección, seguridad y prevención. Es decir, elegir decir «no» a todos los comportamientos que (sabemos) nos van a alejar de la salud corporal y que, por lo tanto, se llaman comportamientos de riesgo

2. Hacia la salud mental, al cultivo de la parte cognitiva, que tiene mucho que ver con los comportamientos de salud dirigidos hacia la corporalidad y la gestión saludable de la afectividad.

3. Hacia generar relaciones interpersonales saludables, las cuales se fundamentan en el respeto al otro y se gestionan con destrezas de inteligencia emocional.

4. Hacia el cultivo y proyección de nuestra espiritualidad. Además, van a favorecer los tres aspectos anteriores.

Si elegimos la forma de comportamos hacia la salud desde nuestro ser, esta será expresada en todas las dimensiones de lo que somos. De este modo, estaremos en salud física, cognitiva, afectiva, relacional y espiritual.

Comportamientos saludables

Alimentación: concientiza lo que debes incluir en la alimentación cotidiana, como vegetales y frutas, carbohidratos complejos, grano entero, fibra, proteínas de alto valor biológico (carnes magras y pescado), leguminosas y ácidos grasos omega 3 (de pescado) y 9 (aceite de oliva, aceitunas, aguacate, nueces). Cocinar los alimentos a la plancha o al vapor, preferiblemente.

Actividad física: mantente activo, con las actividades usuales y las programadas como ejercicios aeróbicos: caminar treinta minutos cinco veces por semana, más estiramiento/fuerza, veinte minutos, dos o tres veces por semana.

Sueño: duerme un promedio de ocho horas diarias. Y, si te resulta reparador, puede ser menos.

Actividad sexual: debe ser segura con una pareja estable. Si no es el caso, debes usar protección siempre.

Exposición solar: con protector solar en horarios de 10 a.m. a 4 p.m.

Uso de los equipos de protección ocupacional, los que estén indicados según la actividad laboral.

No fumar.

No ingerir bebidas alcohólicas en exceso.

No consumir drogas ilegales.

Disponer tiempo para recreación y ocio.

Realizar actividades que contribuyan al desarrollo personal.

Realizar ejercicios de relajación y meditación con atención plena o meditación trascendental (se explicarán en el Capítulo 4).

Contribuir con la comunidad.

Mantener destrezas emocionales: cultivar relaciones satisfactorias contigo mismo, con los demás, con familiares, con amigos, en el trabajo, en la comunidad y en la sociedad.

Adquirir destrezas en el manejo saludable laboral y financiero.

Cuidar el entorno: hacerlo agradable, limpio, seguro y ordenado.

Aprovechar los ambientes naturales, como áreas verdes, parques, playas y montañas.

En tu identidad: revisar constantemente quién estás siendo. El desarrollo personal apunta hacia ser la mejor versión de ti mismo.

Cultivar la espiritualidad: hacer espacios cotidianos de silencio interior y de reflexión; desarrollar la expresión del amor, generosidad y compasión; tener claridad en cuanto a la visión de tu existencia. Definir tu misión, propósito y sentido de vida da dirección a tus comportamientos. Realiza un proyecto de vida en líneas generales.

Recuerda que el comportamiento requiere la actitud, y la actitud encierra tus pensamientos de salud, tus creencias de salud, tus emociones de salud y la valoración que haces hacia tu salud. Revisa si tus comportamientos van en dirección a esta como valor. Los comportamientos están en coherencia con los valores; de esta forma, si tienes alguna ambivalencia, es decir, te dices que te interesa tu salud, que es un valor para ti, pero no tienes comportamientos hacia ella, sino lo contrario, te invito a revisar tus creencias, tus valores y quién estás siendo, de manera que puedas transformar los comportamientos que te alejan de ella.

¿Cuáles serán los beneficios de tus comportamientos de salud?

1. En tu corporalidad, experimentarás bienestar, energía, vitalidad, agilidad, lucir a gusto, el buen funcionamiento de tus órganos y sistemas, fortalecimiento del sistema inmune, el estar alerta para «darte cuenta» de lo que pasa contigo y a tu alrededor, el usar la memoria de la manera más conveniente, disfrutar del movimiento a través de la actividad física, preservar la agudeza de tus órganos

sensoriales, retardar el envejecimiento, aumentar la expectativa de vida y aumentar los años de vida útil.

2. Los comportamientos hacia la salud mental te permitirán la valoración de tus experiencias, mantener o cambiar la dirección hacia la que te diriges, claridad, dirección de la atención, tomar decisiones adecuadas, ser un mejor observador y descubrir y desarrollar tus talentos (musicales, lingüístico-verbales, lógico-matemáticos, espaciales, kinestésicos, ecológicos, espirituales, emocionales, personales y sociales).

3. La práctica de las destrezas de la inteligencia emocional fomentará tu autoestima, autoconocimiento, automotivación, autocontrol y autoeficacia.

4. La práctica de las destrezas de inteligencia interpersonal o social te ayudará a mantener relaciones de calidad, las cuales generan otras emociones y sentimientos positivos, como el amor en todas sus formas, la satisfacción, la alegría, la felicidad, el optimismo y muchas más.

5. Tu comportamiento de salud espiritual se expresará en tu propósito de vida. El significado existencial que le asignas a tu vida te dará la dirección hacia la que quieres ir, alineará tus experiencias y te dará la energía más poderosa a la que puedas acceder. Esa fuerza vital se reflejará en todas las facetas de tu vida, en lo individual y en lo social, en todos los niveles de tus procesos mentales y en tu corporalidad.

6. El placer tiene cabida en la salud. La sensación de placer y de bienestar es mediada de forma natural por neurotransmisores, especialmente serotonina, dopamina, oxitocina y endorfinas. De una manera fisiológica, el organismo se prepara para hacerte sentir placer de acuerdo a las actividades que desarrolles. Unas actividades producen placer rápidamente y por corta duración, mientras otras producen placer a largo plazo, siendo sus efectos prolongados en el tiempo (Grazziani, L, 2018).

Los neurotransmisores mencionados tienen que ver con la sensación placentera de relajación, calma y serenidad:

- Endorfinas: son opiáceos naturales, analgésicos, enmascaran el dolor, producen euforia. Se estimulan con los deportes, los esfuerzos vigorosos (por ejemplo, trotar), comer alimentos picantes, chocolate, contacto físico, actividad sexual y actividades grupales, como cantar, reír, bailar y trabajar en equipo.

- Dopamina: tiene que ver con la motivación para obtener una recompensa o placer, y aumenta cuando ya se va a satisfacer la necesidad. Aumenta con el ejercicio; al escuchar tu música favorita; al meditar; al comer chocolate, plátanos, aguacate, almendras, té verde; también con los logros obtenidos.

- Oxitocina: se relaciona con los vínculos emocionales. Disminuye la ansiedad y el estrés, y promueve la socialización, la empatía, la confianza y el sentimiento de maternidad y paternidad. Se estimula por el contacto físico, los abrazos y besos, el amor, el sexo, la escucha activa, las palabras de ánimo y de halago, los premios, reír, llorar, meditar, caminar, correr y por los actos de generosidad.

- Serotonina: regula los estados de ánimo. Aumenta cuando somos sujeto de algún reconocimiento, también con el ejercicio, la luz solar e ingerir alimentos ricos en triptófano, que es su precursor (queso, huevos, pollo, pescado, cereales integrales, plátanos, frutos secos, chocolate negro, leguminosas).

Comportamientos de riesgo para la salud

La Organización Mundial de la Salud (OMS, 2018) nos dice que específicamente cuatro factores de riesgo (tabaquismo, exceso de alcohol, alimentación inadecuada y actividad física insuficiente o sedentarismo), todos ellos modificables y prevenibles, son causa del 71 % de la mortalidad mundial para el año dos mil dieciocho, por enfermedades crónicas o no transmisibles.

En los cuatro primeros puestos de mortalidad figuran las enfermedades cardiovasculares (infarto miocardio y accidentes cerebrovasculares); cáncer, sobre todo de tipo respiratorio, gastrointestinal y reproductivo; la diabetes y la enfermedad broncopulmonar obstructiva crónica. Más allá en el orden, pero no menos importante a considerar, enfermedades como la insuficiencia renal y la hepática.

Hay otros factores de riesgo, como las relaciones sexuales sin protección, que son causa de una cantidad de enfermedades de transmisión sexual y de SIDA, así como la exposición solar sin protección 10 a.m. a 4 p.m. es causa de cáncer de piel. Estos hechos deberían también ser prevenibles.

Mi propuesta para ti

Marca con una «X» los factores de riesgo que tengas presentes, toma consciencia, reflexiona y anímate a tomar la acción de un comportamiento saludable.

El hecho de que tengas un factor de riesgo para la salud no quiere decir que es seguro que vayas a tener la enfermedad, pero sí quiere decir que, si no haces algo para modificar tu riesgo, tienes más posibilidades de desarrollarla que la persona que no lo tiene.

- Alimentación NO saludable (baja en vegetales y frutas, baja en fibra, alta en sal, alta en azúcares simples, alta en grasas saturadas, comida chatarra, frituras con aceites reciclados, ahumados frecuentes, preparación a la parrilla frecuente).
- Actividad física insuficiente (caminar menos de treinta minutos al día, cinco veces por semana, o menos de setenta y cinco minutos de una actividad física vigorosa, dos veces por semana).
- Dormir poco (menos de siete horas al día) o sueño no reparador.
- Exceso de alcohol (más de dos tragos estándar al día para el hombre y más de uno al día para la mujer; un trago estándar equivale a una cerveza de doce onzas, a cinco onzas de vino o a una onza y media de whisky u otras bebidas destiladas).
- Tabaquismo (cualquier cantidad). Los pulmones no están preparados para el humo.
  Actividad sexual insegura, sin protección.

- Exposición solar sin protección 10 a.m. a 4 p.m.
- No usar los equipos de protección específicos requeridos en la actividad laboral.
- Incumplimiento de las normas de seguridad en la casa, en el trabajo y/o conduciendo vehículos.
- Comportamientos agresivos.
- Aislamiento social.
- Hábitos de pensamiento negativo.
- Creencias limitantes.
- Emociones negativas crónicas, como:
  - ◊ Ansiedad.
  - ◊ Depresión.
  - ◊ Ira.
- Estrés crónico.

Desde el coaching, responde a estas preguntas y a las que te hagas tú mismo.

¿Has reflexionado sobre tus comportamientos? ¿Son de riesgo o de salud?

¿Qué beneficios obtienes con tus comportamientos de riesgo? (Siempre hay un por qué haces lo que haces).

¿A cambio de qué estás obteniendo el beneficio?

¿Conoces las consecuencias? ¿Qué precio estás dispuesto a pagar?

¿Te sientes vulnerable para enfermar? ¿Sí? ¿No?

¿Piensas que no puedes vivir sin ese comportamiento de riesgo?

¿Has considerado una alternativa de comportamiento saludable para cambiar tu comportamiento de riesgo?

¿Qué beneficios obtendrás de tu cambio de comportamiento de riesgo?

¿Cuál cambio, que aporte el mejor resultado positivo para ti, harás?

¿Has pensado en tu grandeza?

¿Has reflexionado sobre cuánto necesitas tu salud?

¿Tienes alguna emoción negativa que se haya hecho crónica y que no esté gestionada?

¿Sabes que las emociones negativas son dañinas para tu salud?

¿Tienes confianza en ti?

La identificación de lo que está pasando en ti (pensamientos, creencias, valores, quién estás siendo, qué te está orientando en la vida y los recursos que tienes para afrontarla), son esenciales para transformar tus comportamientos de riesgo en comportamientos de salud. Vive el valor de tu salud.

Haz consciencia, date cuenta, cambia la forma en que te observas a ti mismo y lo que está fuera de ti. Empodérate buscando dentro de ti, rompe tus círculos viciosos, ilusiónate por verte con todos tus recursos y elije, entre las posibilidades, la que se ajuste a tus sueños, donde, usando tu potencial pleno en salud y en armonía, te puedas desarrollar al máximo y vivir la satisfacción de tus logros.

Estilo de vida y salud

El estilo de vida que adoptas tiene que ver con tus comportamientos hacia la salud o hacia la enfermedad. En el Capítulo 1 te mencioné lo que es la epigenética, una ciencia que está demostrando que, más allá de la genética, nuestro estilo de vida es lo que hace que los genes se activen o desactiven, y, así, se expresen o no, dando lugar a la salud o la enfermedad. Dado que se estudia la mente en su extensión fuera del cerebro, a lo largo y ancho del cuerpo; los pensamientos, las creencias, las emociones, los sentimientos, las relaciones y el quiénes somos y qué hacemos pueden actuar en esta activación y desactivación de genes, de manera que es importante tener presente que, en la mayoría de los casos, las enfermedades crónicas no transmisibles tienen que ver con todos estos factores, y no con la carga familiar que puedas tener.

Involúcrate y comprométete con tu salud. Es cuestión de responsabilidad. La salud se construye, se vigila. Que tus comportamientos sean saludables, así como tus pensamientos, creencias, sentimientos y actitudes.

Motivos por los que el cliente solicita coaching de salud

Puede ser por un comportamiento de riesgo que «quiere» cambiar y no sabe cómo. Por ejemplo, una alimentación inadecuada, tabaquismo, sedentarismo o abuso de alcohol o de drogas ilícitas.

Puede estar confundido porque quiere y no quiere cambiar. Una parte de la persona quiere el cambio, pero otra parte no lo quiere. Es decir, que tiene una ambivalencia que no le permite hacer el cambio que necesita.

Puede ser que personas con enfermedades crónicas sean referidas por sus médicos tratantes con el objetivo de obtener mejores resultados en la evolución de la enfermedad o en los procesos de curación o prevención.

Mientras más comportamientos de riesgo haya, más pronto puede verse afectada la salud y peor puede ser el desarrollo de las enfermedades. Por ejemplo, una persona con diabetes, que de por sí está en mayor riesgo de problemas cardiovasculares y además fuma, tiene una dieta inadecuada y es sedentaria, va dirigiéndose hacia las complicaciones de la diabetes, cosa que podría evitarse si se mantuviese con comportamientos compatibles con su salud.

Podría haber referencias con el objetivo de promover la salud y/o prevenir enfermedad.

Una vez el cliente está en la consulta y definamos el *qué* (qué es lo que está haciendo y qué quiere conseguir), realizará una descripción detallada de su situación actual y, luego, de la situación que quiere alcanzar.

El coach facilitará que el *coacheé* defina, dentro de las posibilidades, el mejor objetivo, que sea específico, medible, alcanzable, relevante y a lograr en un plazo de tiempo determinado. Hay que transitar por cada nivel de la pirámide de niveles neurológicos para que el cliente encuentre, en su potencial, los recursos que va a necesitar, y explore sus creencias, sus valores y quién estará siendo una vez producida la transformación. El coach le facilitará herramientas para que elabore su plan de acción y llegue al logro de los resultados deseados.

Conocer la disposición que el cliente tiene hacia el cambio, permite el uso de distintas herramientas (Prochaska, 1982).

1. **No está listo - precontemplación:** no ve la necesidad de cambiar. Por más que expliquemos el riesgo del comportamiento y sus posibles consecuencias, la persona no quiere el cambio. Por ejemplo, a un adolescente que fuma y no quiere dejar de fumar no lo mueve el tema del autocuidado. La intervención primaria sería la escucha, crear rapport e invitar a la expresión de pensamientos, creencias y sentimientos.

2. **Piensa acerca de cambiar - contemplación:** tiene pensamientos a favor y en contra del cambio. La intervención es conversar sobre lo que está haciendo respecto a ello y ayudarlo a conectar fortalezas y valores con los objetivos. Además, iniciar pequeños pasos en un plan de acción y facilitar alianzas de soporte y autoconsciencia.

3. **Preparación para actuar - preparado:** ya hay que hablar francamente de las estrategias de cambio y los obstáculos posibles que se va a encontrar. Asimismo, invitarlo a expresar sus preocupaciones y a la realización de un plan para superar las adversidades que se puedan presentar.

4. **Acción - compromiso de acción:** la persona ya realiza acciones dirigidas al cambio de comportamiento. Por ejemplo, paga una suscripción a un gimnasio, o en el supermercado deja de comprar dulces. La intervención en este estado es darle apoyo en el ambiente, establecer alianzas de soporte, afianzar las fortalezas y los valores en relación con el objetivo. Cuando se inicia un cambio de acción, pueden emerger otros problemas. En esta etapa hay que fomentar la autoconfianza y la autoeficacia.

5. **Etapa de mantenimiento en la construcción de un nuevo hábito:** en esta etapa, la persona sostiene el cambio de comportamiento, al menos por seis meses. El cambio será exitoso cuando el comportamiento se haga de forma automática, o sea, se convierta en un hábito. La persona puede devolverse a estados anteriores,

y la intervención será volver sobre el tema de metas referente al estado en el que se encuentre.

6. **Término o adopción del cambio:** ya la persona ha incorporado el cambio de comportamiento y se le invita a mantener su autoeficacia. Es tiempo de celebrar y mantenerse claro sobre los motivos que llevaron al cambio, de disfrutar las novedades, pero no perder las alianzas. Se puede ayudar al cliente a emprender nuevas acciones.

Puede ser que el cliente tenga una recaída y presente sentimientos de frustración. Hay que intervenir diciendo que esto es una posibilidad, y también volver a empezar en el estado en que se encuentre.

Ambivalencia y discurso para el cambio (Miller, W y Rollnick, S, 2018)

Es importante que nosotros mismos nos demos cuenta de nuestro modo de conversar el cambio. La ambivalencia se caracteriza por la presencia simultánea de motivaciones contradictorias, existiendo motivaciones a favor y en contra del cambio. Esta situación puede ser tan molesta que, por sí sola, impulse el cambio, pero también puede llevar a quedarse atascado en la situación actual y, así, en ocasiones tenemos lo que Miller y Rollnick llaman discurso de cambio y discurso de mantenimiento.

Lenguaje de cambio es todo lenguaje verbalizado por la persona que suponga un argumento en favor del cambio. El discurso de cambio tiene subtipos, según una diferenciación notada y sugerida por Amrhein a los autores mencionados.

a. Discurso de cambio preparatorio: manifiesta las motivaciones de deseo, habilidad, razón y necesidad. Ninguno indica que el cambio va a suceder. Señalan el lado de la ambivalencia a favor del cambio.

◊ Deseo: Querer el cambio, «quiero», «me gustaría», «espero», «ojalá»…

◊ Habilidad: habilidad percibida para el cambio, «puedo», «soy capaz»...

◊ Razón: afirmación de un motivo específico para el cambio, «probablemente me ayudaría».

◊ Necesidad: urgencia del cambio, este es imperativo, «tengo que», «debo», «necesito»...

b. Discurso de cambio movilizador: señala movimiento hacia la resolución de la ambivalencia a favor del cambio.

Puede notarse un lenguaje de compromiso, lo cual apunta hacia la probabilidad de la acción: «voy a», «prometo».

El lenguaje podría ser de activación, mas no de compromiso. Por ejemplo, «estoy listo» «estoy preparado».

Indica que la persona se encuentra en la dirección del cambio.

Trabajar la motivación de las personas implica promover el discurso de cambio a través de preguntas dirigidas hacia el deseo, habilidades, razón y necesidad.

c. Discurso de mantenimiento: Ocurre cuando la persona, si bien puede expresarse a favor del cambio, también manifiesta la defensa de su estado actual. El lenguaje estará relacionado, igualmente, al deseo, habilidad, razón o compromiso. Al deseo, por ejemplo, «me encanta fumar»; a la habilidad, como «no creo que pueda conseguirlo»; a la razón, supongamos «fumar me relaja»; o al compromiso, «no pienso hacer ejercicio», «no hago más dietas», «no voy a dejar de fumar».

Herramientas de coaching nivel entorno-comportamiento

◆ Formulación de objetivo y plan de acción

Elección del objetivo: Los objetivos deben llenar ciertas cualidades, conocidas por las siglas en inglés SMART (Doran, GT, 1981), así, deben ser específicos, medibles, alcanzables, realistas y a lograr en un tiempo definido. Deben ser formulados en positivos y ecológicos, es decir, buenos para ti y también para los demás.

¿Cómo alcanzar tu meta?

Método GROW, siglas en inglés para *objetivo, realidad* actual, *opciones* para el logro del objetivo y *voluntad,* que considera plan de acción y compromiso (Whitmore, J, 1992).

El plan de acción para alcanzar el objetivo debe ser elaborado por el *coacheé,* dando respuesta a las preguntas «qué» (acción que va a desarrollar, nivel comportamiento) y «dónde», «cuándo», «cuánto» y «con quién» (que responden al nivel del entorno). Igualmente, debe haber un seguimiento para evaluar los pasos que se están dando en dirección a la meta durante el proceso. Se deben chequear obstáculos, establecer cómo vencerlos, proponer las herramientas más adecuadas que acerquen a los objetivos y/o hacer las modificaciones que la dinámica considere oportunas.

◆ Transitar la pirámide de niveles neurológicos para cambiar un hábito

Mirando de nuevo la pirámide, nos aseguraremos de explorar los niveles intermedios y superiores si queremos que se logre el objetivo y que haya un cambio generativo y, mejor, evolutivo.

Apoyaremos la búsqueda de tus propios recursos para responder a «cuál» y «cómo» será la estrategia para lograr el objetivo con el plan de acción, para lo que iremos al nivel de capacidades por conocimientos y habilidades relacionadas, fortalezas, experiencias de logro previas, emociones relacionadas y otros recursos, como materiales, personas, oportunidades e identificación y superación de obstáculos.

El nivel de creencias y valores debe ser explorado en pro del logro del objetivo. Las creencias limitantes deben ser trabajadas hacia su transformación en creencias potenciadoras; igualmente, los valores deben ser explorados y jerarquizados, ya que comportamientos y valores deben estar en coherencia, si queremos que el objetivo sea logrado.

El nivel identidad también debe ser explorado: ¿quién estás siendo en tu situación actual?, y ¿quién quieres ser en tu situación deseada?

El nivel espiritual contribuye, a través de la visión de conjunto, con el mayor sentido del todo del cual somos parte y de lo que vamos trascendiendo en nuestras actividades cotidianas. De esta manera, los cambios que se consiguen son duraderos, porque vienen desde la integración del ser, desde la congruencia.

◆ Trabajar un hábito

Si no hay una visión de conjunto, el trabajo del hábito puede resultar más difícil y tedioso, y sus resultados no serán comparables a cuando se establece una visión global de la conducta «problema». La construcción de un nuevo hábito tarda, en promedio, alrededor de sesenta y seis días, según las investigaciones recientes de Llay Phillipa, et al (2010), tratándose de días ininterrumpidos, ya que implica la construcción de nuevas redes neuronales para la nueva conducta. Por eso es importante, cuando queremos cambiar un hábito, tener seleccionada la alternativa de cambio con todas sus estrategias, y que el proceso asegure, a la vez, satisfacciones, para no desistir en el camino.

◆ Cambio de comportamiento con PNL

Las próximas tres técnicas son tomadas del manual de PNL de L.E. Armas y C. Von Ruster (2009):

Cruzar el río: el beneficio de la técnica es cambiar una conducta no deseada al planear los cambios deseados. Es importante antes establecer la meta y lo que significa la nueva conducta para ti.

1. Decide lo que quieres cambiar. Tiene que ser específico, alcanzable. Dilo.
2. Pregúntate si de verdad quieres el cambio, si el deseo nace de ti.
3. Plantea tu deseo de cambio en afirmativo, simple. Omite el no. Ejemplo, «quiero estar tranquilo».
4. Pregúntate, antes de seguir adelante, si este cambio es bueno para ti. Si no lo es, reformula tu objetivo.

5. Piensa en el recurso que necesitas para lograr el cambio (por ejemplo, una cualidad).

6. Una vez tengas el recurso, intégralo a tu cuerpo y a tu mente mediante una respiración profunda, cerrando los ojos para evocar la sensación que te provoca tener dicho recurso (el cual va contigo durante la realización del ejercicio). Ahora necesitas una grabación que te vaya guiando, de manera que grabe el ejercicio, luego lo oyes, o que alguien te acompañe y vaya leyendo el ejercicio.

   a. Cierra los ojos, relájate e imagina que estás en el campo. Luego, avanzas hasta llegar a un río ancho que lleva bastante agua. Te das cuenta de que al otro lado del río la vegetación parece más verde y frondosa, el lugar se ve tranquilo y paradisíaco. Miras río abajo y alcanzas a ver un puente para cruzar al otro lado. Sientes ganas de cruzar y quedarte del otro lado por un tiempo.

   b. Vas a ir lentamente en dirección al puente. Sigues el camino hacia él y sabes que esto es bueno para ti y para los que te rodean. Continúas caminando hacia el puente, que cada vez está más cerca.

   c. Ya estás frente al puente y listo para el viaje del cambio. Di «el cambio que quiero es…» y especificas, en la forma prevista, lo que quieres cambiar. Antes de cruzar necesitas poner a trabajar el recurso, o los recursos, que necesitas que hagan el trabajo por ti (responsabilidad, disciplina, constancia u otro previsto). Mételos en una mochila imaginaria que estás percibiendo en tu espalda justo ahora. Ya tienes tus recursos contigo, recuérdalo y tenlos presentes. Tus recursos son importantes para que lleves el viaje a feliz término.

   d. Ahora, antes de cruzar, mueve tus hombros, brazos, cintura y cuello para relajar un poco la tensión. Te vas acercando al puente. Consciente de los recursos que escogiste para tu viaje, respira un par de veces pensando en ellos. Antes de cruzar, visualízate al otro lado del puente con el cambio realizado. Imagínate en dos situaciones futuras con tu objetivo en acción. Trabaja una por una.

En estas dos situaciones del futuro, ¿dónde estás? ¿Qué estás haciendo? Imagina lo que les dices a los demás cuando te vean diferente. ¿Cómo te sientes? ¿Te motivan estas escenas?

e. Con estas escenas de logro en la mente, empieza a cruzar el puente lentamente y nota qué pasa en tu interior en esta parte del trayecto. Tus pensamientos deben ser más positivos y motivantes que antes. Tu fisiología, gestos, postura, posición de las manos y respiración serán diferentes. Una fisiología de seguridad, donde estés erguido y mirando al frente, reemplaza la anterior.

   Tu lenguaje sobre este asunto deberá ser más definido, preciso y convincente para ti y para los demás, tipo «yo puedo y lo logro».

   Tu energía debe estar alta por la sensación de logro, y también debes experimentar una sensación de bienestar. Empieza a cruzar el puente con mucho ánimo.

f. Sigue viviendo todas las escenas con el logro del cambio, visualiza el otro lado del puente, ya estás cerca, casi llegas. Tienes el propósito del cambio impreso en tu mente. Observa lo que te rodea cuando ves que lo has logrado. Escucha lo que dices y te dicen. ¿Cómo te sientes con este cambio? Pídele a tu mente que así sea.

   De este lado del puente todo es más verde y más agradable. La persona que ves es aquella en la que quieres convertirte. Siente los recursos que están a tu disposición para que te ayuden a lograr y mantener el cambio.

g. Respira profundamente, has llegado a tu meta, ya recorriste el camino necesario para lograr tu cambio, y «quieres» mantenerlo. Todo cambio requiere un proceso. Ya te diste la oportunidad de realizar estos pequeños cambios mentales. Felicidades, ahora necesitas un poco de tiempo y espacio, para que esta nueva programación se fije y se convierta en un hábito. Aquí termina la grabación.

La repetición frecuente de estos pasos mentales (dos o tres veces día) te ayudará a instalar el cambio. Puedes iniciar las repeticiones en el puente con tus recursos. Visualiza las escenas de tu nueva forma de ser. Es importante para que la mente aprenda la nueva dirección que quieres tomar.

Autoanclaje

Beneficio de la técnica: Generar un recurso (seleccionar un gesto o movimiento, tipo palmada o estímulo táctil, como presión en un dedo o frote entre dos dedos, que casi no se note) que sirva de detonador, o sea, ancla, para invocar o generar el recurso que necesitas. Lo puedes realizar solo.

1. Busca tres situaciones en tu vida que hayan resultado llenas de recursos, momentos de felicidad, alegría, éxito y plenitud. Tómate tiempo para buscarlas.

2. Ahora revívelas y selecciona una de ellas, asegurándote de que incluya algún momento cumbre de tu vida, un momento de sentimientos maravillosos que haya sido decisivo para ti.

3. Vive nuevamente esta situación, reconstruyéndola. ¿Dónde estás? ¿Qué pasa a tu alrededor? ¿Qué haces? ¿Cómo te sientes? Vívela, escúchala, siéntela. Respira profundamente.

4. Una vez más, representa el momento cumbre de la experiencia y selecciona el momento más hermoso. Prolóngalo y disfrútalo de forma plena, respirando profundamente.

5. Ahora, en el momento de mayor intensidad, ancla la experiencia, realizando el gesto o movimiento que hayas previsto, y no sueltes, mantenlo y sigue experimentando la sensación.

6. Regresa al momento presente y suelta el ancla.

7. Comprueba si la sensación persiste al realizar el movimiento o gesto ¿Regresa la experiencia de la sensación cumbre? Si no es así, repite la experiencia, y, si no consigues el resultado, cambia la selección por cualquiera de las otras dos que elegiste al principio. Cada vez que necesites el recurso para tu cambio, acude al ancla.

Romper una conducta

Beneficio de la técnica: Romper una reacción negativa, que te molesta, provocada por alguien más. El ejercicio requiere concentración y los resultados son rápidos. Lo puedes repetir cuantas veces quieras o necesites, y por diversas situaciones.

1. Identifica una situación en la que algo o alguien detona la conducta indeseable.

   Ejemplos: quieres bajar de peso y te regalan dulces que te terminas comiendo. O ya no fumas, pero un amigo te insiste y terminas fumando y, luego, enojado porque lo hiciste...

2. Recuerda algún momento en el que te reíste muchísimo, estuviste muy contento, pasaste un buen rato. Fue un momento muy agradable. Toma en cuenta cómo era tu sensación de risa, escúchate y escucha a los demás para hacer el recuerdo más vivo. Siente la risa en tu abdomen. Ahora coloca esta experiencia tan agradable en la mano izquierda con una respiración profunda.

3. Busca una experiencia en la que te sentiste exitoso, confiado. Tienes el reconocimiento de tu entorno. Recuerda los detalles, qué te dicen y cómo te ven, y piensa en tus sentimientos al respecto. Es un gran momento para ti. Todas esas personas te dan seguridad. Toma también estos momentos de éxito y ponlos en tu mano izquierda, respirando.

4. Seguramente también encontrarás algún momento en el que hayas amado y te hayas sentido amado. Visualiza esa escena con todos los detalles, escucha lo que dices y lo que te dicen. Percibe la energía de tu cuerpo al moverse, y date cuenta de lo bien que te sientes. Agrega estos sentimientos de amor en tu mano izquierda, respirando profundamente.

5. Ahora, mira tu mano derecha, y, de igual manera, ábrela con la palma hacia arriba.

   Allí coloca la escena con la conducta que quieres erradicar. Coloca todas las emociones negativas que experimentas con esa conducta (enojo, por ejemplo). Mírate, escúchate y siente tus emociones. Ahora acerca poco a poco la mano izquierda y vierte todo lo que pusiste en ella en la mano derecha, sobre la conducta indeseable. Junta tus manos y comienza a frotarlas, como si quisieras deshacer la conducta indeseable con los elementos positivos que acumulaste.

6. Respira profundamente y siente la energía que se genera en tus manos. El mensaje ya se envió a tu mente: deshacer la conducta no deseada.

7. Regresa al recuerdo de la escena con la conducta/respuesta indeseable. Imagina que te enfrentas a la misma situación en el futuro. ¿Cómo te sientes? ¿Cómo reaccionas? ¿Qué importancia le das? ¿Qué solución le das? Si deja de tener mucha importancia y ya no te invaden las mismas sensaciones, entonces tuviste éxito en el ejercicio. Si al terminar el ejercicio aún detectas la conducta no deseada en ti, repítelo con experiencias más significativas.

◆ PNL trabajo con submodalidades

El objetivo de la técnica es cambiar una conducta negativa, o la forma de afrontar una situación o un miedo. La técnica utiliza los sistemas de representación sensoriales. Consiste en un cambio de programación mental a través del uso de la imaginación. Los estímulos llegan a nosotros por canales sensoriales: visuales, auditivos, kinestésicos, olfativos y gustativos. Generalmente, tenemos alguno predominante. Estas modalidades tienen submodalidades:

- Visual: brillo, color, tonos, tamaño, enfoque, distancia, posición, movimiento y/o forma.
- Auditiva: volumen, tono, timbre, ritmo, dirección, ruido...
- Kinestésica: ¿qué sensaciones sientes y en qué parte del cuerpo se localizan? ¿Cuál es su intensidad? Esta submodalidad incluye las sensaciones olfativas y gustativas. Las olfativas se refieren a los aromas, agradables, o desagradables. Las gustativas se refieren al sabor amargo, ácido, dulce, agridulce y salado.

Según el canal sensorial que más utilizas, puedes programar un cambio de actitud o disposición hacia una persona, una situación, o un estímulo al cual no quieras sucumbir, usando un cambio de submodalidades. Para alcanzar el cambio, hay que usar la imaginación.

Ejemplo: Si quieres dejar de pensar en alguien, imagínalo lejos, en blanco y negro, borroso, distante. Puedes imaginar también cambios en otras submodalidades, por ejemplo, que te hable demasiado alto y no te gusta, o que, en vez de un aroma agradable, presente un olor desagradable. Puedes hacer lo mismo con los antojos hacia la comida u otras pulsiones.

Realizar cambios de submodalidad es de mucha utilidad y da resultados rápidos. Usa tu creatividad y, en adelante, el estímulo problema dejará de ser para ti la amenaza que venía representando.

◆ Inteligencia emocional

Recuerda la importancia del uso de las destrezas de la inteligencia emocional personal e interpersonal en el manejo cotidiano.

Como inteligencia emocional personal entran los conceptos de autoconocimiento, autocontrol, autoeficacia y autoestima. En el proceso de cambio o de lograr un objetivo es importante que nos conozcamos bien a nosotros mismos, realizar la autoobservación para identificar qué estamos haciendo o dejando de hacer, y darnos respuesta al qué, cómo, dónde, cuándo y con quién hemos mantenido la situación que queremos transformar.

Recordemos que, por una parte, tenemos la situación ideal donde queremos llegar; y, por la otra, tenemos el proceso para llegar. Tú eres el protagonista.

Se trata de que disfrutes el proceso, es un viaje de descubrimiento acerca de ti mismo, no tiene por qué constituirse en una pesadilla. Todo lo contrario, si eres creativo. Hay muchas opciones, toma la que te guste y con la que sientas alguna emoción positiva y todo se hará más fácil. No te olvides de colocar en congruencia tu nuevo comportamiento con un valor que aplique en tu repertorio de valores.

◆ El manejo de la rueda de la vida y de la salud

La rueda de la vida, como la conocemos en el coaching, es atribuida a Paul J. Meyer, aunque hay ruedas parecidas, elaboradas muchos años atrás, como, por ejemplo, la budista tibetana. Desde entonces se han hecho variaciones sobre los contenidos de esta, ya que resulta una herramienta muy poderosa. Paul J. Meyer es una autoridad en el campo de fijación de metas, motivación, gestión del tiempo, desarrollo profesional y personal. Las ruedas que presento a continuación están inspiradas en la Rueda de Vida de Paul J. Meyer y en el «Eneagrama de Vida» creado y registrado por la Academia de Coaching y Capacitación Americana, de las cuales resulta una variación.

El diagrama circular de la rueda se divide en varias porciones, donde se inscriben las áreas más importantes de la vida y la salud. De la parte central, que es el cero, hacia la periferia, que es el diez, se coloca, en cada área, la escala de puntuación de uno a diez, donde representarás tu grado de satisfacción referente a esa área, siendo uno el menor grado y diez el mayor grado de satisfacción. Al unir las puntuaciones de las diferentes áreas, verás gráficamente si la rueda conserva su aspecto circular, lo cual será posible si existe un equilibrio en tu grado de satisfacción de las diferentes áreas, y por otra parte valorarás tu grado de satisfacción de acuerdo con la puntuación, siendo valores por debajo de siete de mediana o poca satisfacción mientras más bajos sean, considerándose los valores por encima de siete como aquellos con mayores grados de satisfacción.

Puntuaciones menores de siete sugieren que sería conveniente enfocarte en el trabajo de esas áreas.

En el concepto de integración y equilibrio del ser, cada área de la rueda tiene una atención especial en el funcionamiento del conjunto. El grado de satisfacción que le asignas a cada área puede resultar revelador para ti mismo y fungir como apoyo de transformación de tus comportamientos.

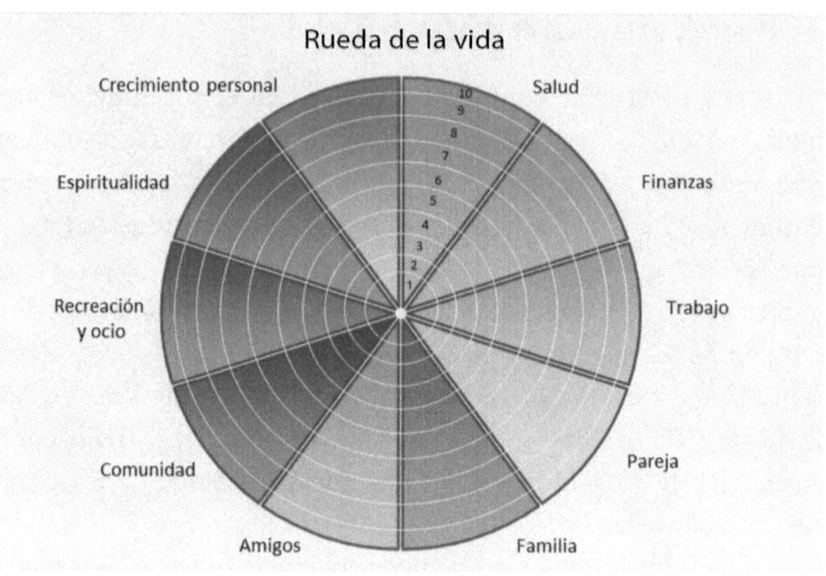

Rueda de la vida
Crecimiento personal
Salud
Espiritualidad
Finanzas
Recreación y ocio
Trabajo
Comunidad
Pareja
Amigos
Familia
10
9
8
7
6
5
4
3
2
1

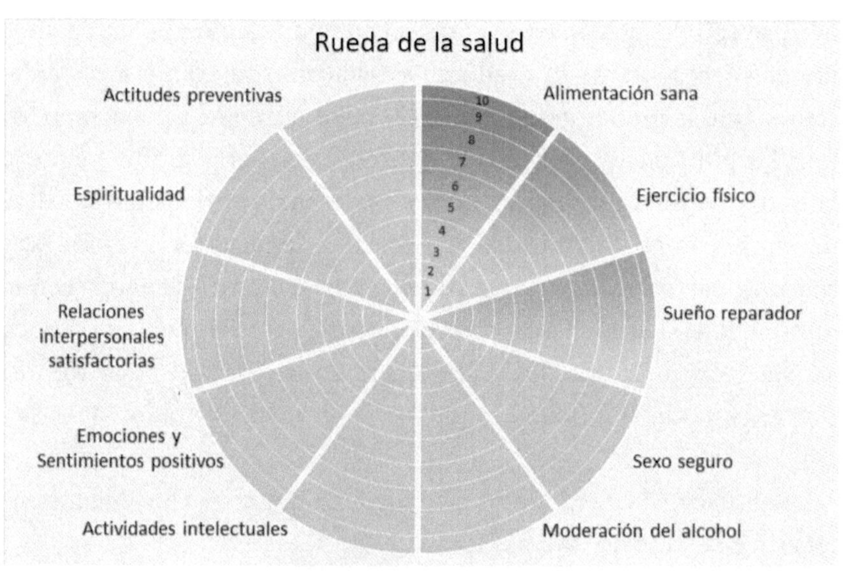

Rueda de la salud
Actitudes preventivas
Alimentación sana
Espiritualidad
Ejercicio físico
Relaciones interpersonales satisfactorias
Sueño reparador
Emociones y Sentimientos positivos
Sexo seguro
Actividades intelectuales
Moderación del alcohol
10
9
8
7
6
5
4
3
2
1

Objetivo: concientizar el poder de las propias elecciones de vida sobre las predisposiciones genéticas (familiares).

Selecciona un momento solo para ti. Siéntate cómodo. Cierra los ojos, respira profundo unas tres veces, fuerte, y luego comienza a respirar rítmica y suavemente. Piensa en tu familia, en tus padres, papá, mamá; en tus hermanos, hermanas; en tus abuelos, abuelas, tus bisabuelos; en tus tíos, tus tías... De pronto, te das cuenta de que vas viajando en un autobús con todos ellos. La vía por donde van se llama familia de sangre, y el autobús tiene un nombre, ¡se llama genética!

Ves que muchos de tus familiares llevan franelas que los identifican, y, extrañamente, los nombres son de enfermedades conocidas. Unas franelas dicen diabetes; otras dicen cáncer; otras, infarto; otras, accidente cerebrovascular; demencias...

Van conversando y vas a prestar atención para oír, parece que quieren decirte algo... ajá...

No hablan muy fuerte, pero alcanzas a escuchar que te dicen que son tu herencia, que, si quieres, te mandan a confeccionar tu franela, porque tienes sobrepeso y seguramente te quedará la que dice diabetes... En este momento te sientes terriblemente mal. Comienzas a sentir ganas de bajarte de este autobús.

Y ¿qué piensas llegado este momento?

Tú te estás preguntando qué será de ti, si estará reservada de verdad una franela para ti. ¿Qué dirá? Aparentemente, la franela identifica el tour...

Mejor haces algo, ¡este tour no te está gustando! Te estás sintiendo mal, ¡te sientes vulnerable! Tú quieres mucho a toda tu familia, mas no quieres ir hacia donde este autobús te está llevando, quieres bajarte, no quieres ir en ese tour... Allí, afuera, hay un vehículo que tiene tu nombre, parece estar esperando por ti. Está parado en una calle que se llama «elección y responsabilidad». Vas y tocas el botón para avisar que te bajas del autobús. En ese vehículo tú eres el conductor, eso está mejor, eso te da el control. Pondrás tu dirección en el GPS hacia un lugar libre de enfermedad, eliges esa ruta y hacia allá te encaminarás. Donde te bajes, tu vehículo te espera para continuar la ruta. La ruta se llama vida y es hermosa, disfrutas de sus paisajes, de la gente que te vas encontrando… Sí, ¡tomar acción fue una buena decisión! Estás saludable, estás feliz.

Ya lo ves, ya lo entendiste. Tus elecciones pueden más que lo que llevas en los genes. Tú pulsas el botón para bajar del autobús del tour de enfermedades familiares y haces algo diferente, conduces tu vehículo adonde tus elecciones te llevarán, adonde quieres llegar. Es tu responsabilidad. Por cierto, el botón que pulsaste decía «epigenética», y trae una información donde dice que tus elecciones saludables pueden más que la genética.

Siente de nuevo tu respiración, suave, rítmica y abre los ojos. Estás en tu realidad. En tu mundo, donde eres el conductor de tu vida, tú tomas las decisiones y te comprometes con ella para llegar a lugares felices, llenos de armonía, salud y paz.

Ejemplo de problemas de comportamiento llevados a los niveles de la pirámide de niveles neurológicos

Ejemplo 1:

Juan: ¡Paco, el humo de tu cigarrillo molesta a los que están cerca! (es el entorno).

Paco fuma (es el comportamiento).

Juan: ¡Paco, deja de fumar!

Paco: a mí no me hace daño (nivel creencia limitante), y para mí es importante fumar (nivel valores).

Paco: La verdad es que no sé cómo hacerlo (nivel capacidad).

Paco: yo soy fumador (nivel identidad).

Juan: Si sigues fumando aquí, nos vas a asfixiar a todos (nivel trascendencia).

Ejemplo 2:

Luisa: María, tus ataques de ira diarios me hacen sentir muy mal.

María = entorno.

María tiene un comportamiento = ataques de ira).

Luisa: ¿No podrías manejar tu ira?

María: No sé cómo (nivel capacidad).

María: La verdad, no creo que pase algo malo con eso (nivel creencia limitadora).

María: ¡Y si me pasa algo, no me importa! (nivel valores).

Màría: Yo soy iracunda (nivel identidad).

Luisa: Si te pasa algo, tus hijos se quedarán sin madre (nivel trascendencia).

Las técnicas de cambio de creencia serán tratadas en el capítulo cinco, mientras que la gestión de inteligencia emocional lo será en el capítulo cuatro.

Espacio de libertad y responsabilidad

El ser humano tiene un espacio de libertad que se construye en las relaciones con otros. Si en la libertad está el poder de elegir, la responsabilidad es la aptitud para dar cuenta de esas elecciones.

Elegimos en cada momento. Nuestras elecciones van desde las más sencillas hasta las más complicadas, y aunque estés privado de libertad por alguna razón que te sobrepasa, siempre tendrás el poder, en lo más profundo de ti, de elegir cómo responder a cualquier situación.

En mucho de lo que hacemos hay una orientación que procede de nuestro inconsciente, por lo que debes acostumbrarte a cuestionarte lo que haces. Hazte más consciente para optar a mejores elecciones.

Elige cambiar patrones de pensamientos que no te convienen, patrones emocionales que te hacen sufrir o te hacen infeliz, elige tus comportamientos, elige de qué quieres darte cuenta... Mantente alerta, con la mente serena, y evoluciona tu consciencia. Elige con responsabilidad lo que incorporas en tu vida y lo que quieres hacer con ella. Elige un rumbo con un propósito, no vayas a la deriva. Mira, que puede pasar que, sin darte cuenta, cedas tu espacio de libertad a otro que tome tus riendas y tome las decisiones por ti. Ejerce el poder de tu espacio de libertad con responsabilidad.

Conclusiones

1. Entorno y comportamiento están estrechamente relacionados.
2. Las relaciones interpersonales satisfactorias son extremadamente importantes para la salud.
3. Así como puede haber amenazas en el entorno, también hay oportunidades. Abre tu abanico de posibilidades y toma las mejores opciones.
4. Si quieres estar saludable, desarrolla comportamientos de salud.
5. Revisa tus comportamientos de riesgo para no perder la salud.
6. Si una parte de ti quiere cambiar un comportamiento de riesgo y otra parte tuya no quiere, ve hacia tus motivaciones y relaciona nuevos comportamientos con tus valores.
7. Desarrolla la capacidad de observarte. De esta forma, cuando empieces a trabajar en un cambio, te será más fácil abordarlo.
8. La PNL es una magnífica herramienta en los cambios de comportamiento, de fácil aplicación y divertida.

CAPÍTULO 4

NIVEL DE CAPACIDADES
EL PAPEL PROTAGÓNICO DE LAS EMOCIONES, SENTIMIENTOS Y SU GESTIÓN EN LA SALUD Y LA ENFERMEDAD

NIVEL CAPACIDADES

El nivel de las capacidades es uno de los niveles intermedios de la pirámide de niveles neurológicos, y está conformado por nuestros recursos (conocimientos, habilidades e inteligencias), donde destaca la inteligencia emocional como capacidad de reconocer nuestras emociones, gestionarlas y reconocer las emociones de los demás.

Somos seres racionales, emocionales y relacionales. El protagonismo de las emociones y sentimientos está presente en cada momento de nuestras vidas. Es difícil no sentir una emoción cuando se presenta, porque lo hace de forma imprevista, rápida e intensa, y eso se expresa en el cuerpo.

Los sentimientos son emociones ya racionalizadas, tienen la influencia de los pensamientos y las creencias, son menos intensos, pero más duraderos. Presentan tres dimensiones: agrado y desagrado, tensión y relajación, y excitación y calma. Tienen funciones adaptativas, sociales y motivacionales. Siempre están presentes en nuestro mundo de relaciones, con nosotros mismos, con los demás y con lo que nos rodea. Nos conectan fuertemente con el pasado, nos transportan al futuro y nos mantienen en el presente

Conocimiento: es toda la información que tenemos disponible para utilizar cuando la necesitamos.

Destrezas: son las habilidades que tiene una persona para llevar a cabo una actividad en forma satisfactoria. Se adquieren a través de la capacitación en áreas específicas, por ejemplo, deportivas, manuales...

Inteligencias: Howard Gardner describió, en 1983, ocho formas de inteligencia, las cuales tenemos en diferentes grados. Son dones o talentos que necesitas descubrir y desarrollar. Ellas son: inteligencia musical, lingüística verbal, lógica-matemática, espacial, corporal-cinestésica, ecológica, emocional intrapersonal y emocional social o interpersonal, a las cuales se ha sumado, más recientemente, la inteligencia existencial, para algunos «inteligencia espiritual». Estas tres últimas formas de inteligencia tienen que ver con todo lo que somos y hacemos, de manera que las llamo inteligencias para la vida. Se ha visto que, aun teniendo un excelente rendimiento académico, si no estás bien contigo mismo y no te relacionas efectivamente con los demás, no tienes sentido de conexión con algo que es más que tú, no te involucras con la totalidad, puedes encontrar limitaciones en tu crecimiento pleno y en el logro de satisfacción y felicidad.

Emociones y sentimientos

En este capítulo voy a enfocarme en emociones, sentimientos y su gestión por la influencia que tienen en la salud y la enfermedad.

Para el momento existen varias propuestas en cuanto al número de emociones básicas. Siguiendo a Eckman (1972) y a Goleman, quien está de acuerdo con él, tenemos seis tipos de emociones básicas, las cuales se reconocen por sus expresiones universales, especialmente faciales: ira, alegría, tristeza, miedo, sorpresa y asco.

Familias de emociones y sentimientos

Eckman (1994), describe las emociones en términos de familias y dimensiones. Cada familia tiene un núcleo emocional básico, a partir del cual hay incontables mutaciones, formando una especie de ondas hacia la periferia, donde se encuentran los estados de ánimo, que son una forma más apagada que la emoción, duran más tiempo, y en los que se pueden activar emociones relacionadas más fuertes de forma fácil. Más allá de los estados de ánimo está el temperamento, que da la prontitud para evocar una emoción o estado de ánimo, y hace que la gente sea, por ejemplo, tímida, alegre o melancólica. Estas familias son:

Ira: furia, ultraje, resentimiento, cólera, exasperación, indignación, aflicción, acritud, animosidad, fastidio, irritabilidad, hostilidad y, tal vez, en el extremo, violencia y odio.

Tristeza: congoja, pesar, melancolía, pesimismo, pena, autocompasión, soledad, abatimiento, desesperación, y, en casos patológicos, depresión grave.

Temor: ansiedad, aprensión, nerviosismo, preocupación, consternación, inquietud, cautela, incertidumbre, pavor, miedo, terror y, en un nivel psicopatológico, fobia y pánico.

Placer: felicidad, alegría, alivio, contento, dicha, deleite, diversión, orgullo, placer sensual, estremecimiento y embeleso.

Gratificación: satisfacción, euforia, extravagancia, éxtasis y, en el extremo, manía.

Amor: aceptación, simpatía, confianza, amabilidad, afinidad, devoción, adoración, infatuación y ágape (amor espiritual).

Sorpresa: conmoción, asombro y desconcierto.

Disgusto: desdén, desprecio, menosprecio, aborrecimiento, aversión y repulsión.

Vergüenza: culpabilidad, molestia, remordimiento, humillación, arrepentimiento, mortificación y contrición.

En la práctica, podemos clasificar las emociones «funcionalmente», de acuerdo con las consecuencias que producen sobre la salud, como positivas y negativas.

Emociones y sentimientos positivos

El campo de las emociones positivas y sus efectos en la salud y el bienestar ha sido muy trabajado por diversos autores: Goleman, Friedrickson, Martin Seligman, Elaine Fox y M. Csikszentmihalyi, entre otros.

Bárbara Friedrickson (2009) nos dice que no nos deben faltar diez emociones positivas en nuestra cotidianidad: alegría, gratitud, amor, serenidad, interés, esperanza, orgullo, asombro, diversión e inspiración. En otros trabajos nos dice que el equilibrio emocional se puede dar si por lo menos tenemos tres emociones positivas por una negativa.

Emociones positivas – salud y bienestar

Se experimentan como agradables y placenteras. Favorecen el razonamiento, aumentan la creatividad y la flexibilidad, promueven la resiliencia, amplían el pensamiento positivo y la capacidad de actuar, producen elevación, fluidez, recuperación más rápida de situaciones de estrés (se soporta, mas no se sucumbe), producen beneficios en el sistema muscular y cardiovascular, favorecen las relaciones interpersonales, ayudan en la resolución de problemas y combaten los efectos fisiológicos de las emociones negativas. Son uno de los cinco elementos de la felicidad duradera.

Las emociones positivas ayudan a mantener la salud y a recuperarse de la enfermedad; por ejemplo, la alegría y el sentido del humor, que es la capacidad de expresar y/o estimular la risa. A estas emociones se asocian efectos a corto plazo, como disminución del estrés y la ansiedad, aumento del umbral del dolor y disminución de la tensión muscular. Para tal fin, el humor empleado debe ser el humor positivo, es decir, no ofensivo, no agresivo.

Emociones y sentimientos negativos

Vergüenza, culpa, resentimiento, venganza, envidia, celos, frustración, inseguridad, tristeza, miedo, enojo y soberbia. Las emociones negativas no son placenteras. Las mejor estudiadas, en relación con los daños que producen para la salud, son los estados crónicos de ansiedad, depresión, hostilidad e ira, y las manifestaciones del estrés crónico.

Emociones y sentimientos han sido estudiados en su aspecto vibracional por David Hawkins (psiquiatra, investigador de la consciencia), quien reportó en su libro «El poder contra la fuerza» (2003) una variedad de registros en Hz relacionados a las diversas emociones, comenzando por veinte Hz, la que vibra más bajo, como es la vergüenza, hasta mil Hz, la más alta, que se corresponde al estado de «iluminación». Hace un corte en doscientos Hz, donde valores inferiores se corresponden con las emociones negativas y enfermedad, y explica que, hacia quinientos Hz, se encuentran las vibraciones positivas del amor. Dice también que el promedio vibracional de la humanidad se encuentra hacia ciento setenta y cinco Hz. La vibración del universo es de cuatrocientos treinta y dos Hz.

Emociones negativas y salud (Piqueras Rodriguez y cols., 2009)

◆ Salud mental

Ansiedad crónica: cuando la frecuencia, intensidad o duración de la ansiedad es excesiva, se afecta la calidad de vida y se producen trastornos relacionados.

La depresión: como síntoma, puede estar presente en numerosas enfermedades.

La ira: causa sufrimiento emocional significativo. Puede conducir a la violencia doméstica o a otros tipos de violencia.

El asco: estudios lo han relacionado con los trastornos obsesivo-compulsivos, personalidad dependiente y otros trastornos.

◆ Salud física

Cuando nos encontramos en estados emocionales negativos, es más frecuente adquirir hábitos poco saludables, los cuales comprometen la salud. Por otra parte, pueden desarrollarse enfermedades autoinmunes, o ser una influencia negativa en la evolución y expectativas de vida de los pacientes con cáncer.

Entre otros, los autores puntualizan, en su investigación, los siguientes resultados:

La ansiedad crónica es un factor de riesgo para las enfermedades cardiovasculares, la hipertensión arterial y las enfermedades de la piel. Además, genera dolores de cabeza, agrava el asma e incide desfavorablemente en la percepción del dolor y en la presentación de síntomas gastrointestinales. Por otra parte, la depresión es un factor de riesgo cardiovascular, empeora la evolución de la enfermedad cardíaca y puede precipitar arritmias. Puede asociarse a esclerosis múltiple y a accidentes cerebrovasculares, e influye desfavorablemente en la evolución de la artritis reumatoide y en la sensación de dolor. Se producen dolores de cabeza, así como se pueden presentar, o se mantienen, problemas en la piel y síntomas gastrointestinales.

El estrés crónico es factor de riesgo para la enfermedad cardiovascular, para problemas de la piel y síntomas gastrointestinales.

La hostilidad, la ira y la agresión se asocian a problemas cardiovasculares, sobre todo en el componente hostilidad. La ira se ha relacionado al desarrollo y mantenimiento de la hipertensión arterial.

Hay dos **alertas** que quiero considerar en este momento, una sobre la ansiedad y otra sobre la irritabilidad y agresividad en hijos de personas con alcoholismo. Si el caso de estos niños no es atendido seriamente, realizando una buena orientación de acuerdo con su antecedente familiar, una vez que prueban el alcohol o las drogas durante la adolescencia, sienten que las pueden seguir utilizando como automedicación para su problema de ansiedad, y el mayor peligro está en su vulnerabilidad a la adicción.

De toda esta revisión, podemos firmemente concluir que la gestión de las emociones negativas es realmente una necesidad.

El papel de las actitudes

La actitud es un estado mental y neural de disposición para responder, organizado por la experiencia, que ejerce una influencia directiva o dinámica sobre la conducta, respecto a todos los objetos y situaciones con los que se relaciona (Allport, 1935). Las actitudes tienen, entonces, un componente cognitivo, uno afectivo y uno conductual, y los tres están en coherencia. Las creencias y los valores influyen en las actitudes.

Las actitudes se pueden clasificar de acuerdo con:

- Valencia afectiva: pueden ser positivas o negativas.
- Orientación a la actividad: son proactivas o reactivas.
- Motivación para la acción: si son interesadas o desinteresadas.
- Relación con los demás: puede ser colaboradora, manipuladora, pasiva, agresiva, asertiva o permisiva.
- Elemento usado en la valoración del estímulo: si es emotiva o racional.

Hay actitudes defensivas u ofensivas, constructivas o destructivas, críticas, dogmáticas, protectoras, serviciales y preventivas, y podría seguir citando muchas más.

Importancia de las actitudes en la salud

Las actitudes positivas son importantes, tanto para la prevención de enfermedades como para la curación de estas. Las «buenas» actitudes son importantes para cualquier tipo de relación, incluyendo la laboral. Recordemos que todo lo que está en nuestra relación con el entorno nos puede afectar, o nosotros lo podemos afectar, al pasar de una actitud negativa a un comportamiento negativo.

Si las actitudes tienen componentes cognitivos, afectivos y conductuales, entonces, una buena actitud hacia la salud y comportamientos saludables necesita de pensamientos de salud, emociones relacionadas a la salud, creencias de salud y valoración de la salud.

Coaching, emociones y sentimientos

En la vida te desenvuelves relacionándote contigo mismo, con los demás y con ese algo o alguien que te sobrepasa o trasciende, para algunos, Dios; para otros, «Universo» o «Campo». Mientras mejor sea la «conexión» en estos tres sentidos, mejor estarás en todos los aspectos de tu vida.

Destrezas de inteligencia emocional intrapersonal

Se basan en el conocimiento y la estima que tienes de ti mismo, de tus emociones y de su «adecuada» expresión. Sus componentes son: autoconocimiento, automotivación, autocontrol, autoeficacia y autoestima (Goleman, D., 1996).

La conexión contigo mismo, a través de un proceso de interioridad que se llama «introspección», donde se dan tus diálogos internos y experimentas el mundo como tu propio mundo, es fundamental. La introspección necesita de ratos de silencio, reflexión honesta y contemplación desde tu ser auténtico.

Autoconocimiento: La autoconsciencia es una propiedad humana mediante la cual somos conscientes de nosotros mismos. «Conócete a ti mismo» es una célebre frase de Sócrates, impresa en el Templo de Apolo, en Delfos, y tiene vigencia para la humanidad de todas las épocas.

Somos tanto el observador como lo observado. El conocimiento de quién eres, de tu esencia trascendente, da sentido a tu existencia; marca pauta hacia la libertad responsable y al respeto por ti mismo y por los demás; busca el desarrollo personal, que se encuentra entre tus más altas necesidades, y genera el sentimiento de amar.

«Darte cuenta». ¿De qué te das cuenta?

El 95 % de lo que haces ocurre por dirección de tu inconsciente, o pasa del exterior hacia él. Es imposible hacer consciencia de toda la información que nos llega en fracciones de segundo. La consciencia no lo abarca todo, por lo que tendrás que «expandirla», con la intención de darte cuenta del «aquí y ahora».

¿Cómo estás pensando? ¿Qué estás haciendo? ¿Qué estas sintiendo? ¿Qué estás viviendo? ¿Cómo te estás relacionando con los demás? ¿Qué es importante para ti?

¿Hacia dónde estás yendo?

Tu «observador», muchas veces, coincide con lo que quieres percibir, de manera que dentro de la expansión de la consciencia debe entrar el hecho de cuestionar lo que piensas, sientes y haces, para establecer juicios más objetivos de cualquier situación o sobre ti mismo, haciendo los cambios en el observador que eres.

Automotivación: es un aspecto importante para la fijación y el logro de objetivos. Todo cuanto haces tiene una motivación. El poder de encontrar motivaciones dentro de ti invita a obtener resultados.

Autocontrol: el control de los impulsos es una propiedad humana que permite la postergación de la satisfacción de una necesidad. Esta propiedad adquiere particular importancia en el caso de la prevención de adicciones. Controlar la intensidad de tus emociones y su forma de expresión también es asunto de inteligencia emocional. La expresión desaforada de emociones produce daños, especialmente para el que se está expresando incontroladamente, sea por la causa que sea. Recuerdo un caso típico de una mujer que discutió acaloradamente con su marido en horas de la mañana, y, al mediodía, muy lamentablemente, ella murió a causa de un infarto miocardio.

Autoeficacia: a medida que realices la práctica del aprendizaje de tus competencias, estarás generando y reforzando la confianza en ti mismo para alcanzar metas o enfrentar situaciones de una manera satisfactoria. Eso es el sentido de autoeficacia. Quiero citar la práctica y el resultado de la «moderación», que tiene que ver con ser eficaces, con la decisión de decir «¡stop!», «para», «ya»... «deja de comer», «deja de beber», «deja de jugar»... Autoeficacia también puede ser el poner límites, dejar ir, cerrar círculos y aceptar lo que no puedes cambiar, entre otros.

Autoestima: es la valoración, percepción o juicio que haces de ti mismo en función de tus pensamientos, creencias, sentimientos y experiencias. La autoestima es importantísima, porque el aprecio de ti mismo, el respeto que te tienes y la percepción positiva de tu valor van delante en el crecimiento personal: en las relaciones interpersonales, en los límites que pones a los demás, en lo que toleras y en lo que no. La autoestima influye en las actitudes y los comportamientos, de manera que la autoestima trabaja para ti y por tu salud.

Destrezas de inteligencia emocional, interpersonal o social
(Goleman, D, 2008)

Cito, entre otras:

Empatía: es la cualidad por medio de la cual conectas con los demás, te das cuenta de las necesidades y las emociones de los otros.

Escucha atenta: se trata de escuchar con atención y sin interrumpir cuando te hablan, mostrándote interesado en lo que te están diciendo.

Comunicación asertiva: es manifestar ideas, deseos, opiniones y derechos en forma congruente, clara, directa, equilibrada, honesta, respetuosa y sin la intención de herir o perjudicar.

Cualidades para trabajar en equipo: ser adaptable y flexible, colaborador, tener sentido de compromiso, asumir responsabilidades...

Gestión de conflictos: consiste en un manejo emocional para no desbordarse, buscando los puntos de equilibrio en los que las dos partes queden satisfechas y pasando por el menor nivel de fricción.

Crear lazos: es acercarse a los otros, siendo la paciencia, el tacto y el respeto importantes para lograrlo.

Capacidad de solucionar problemas: pasa por la capacidad de definirlos, evaluarlos y encontrar alternativas efectivas de solución e implementación de la medida elegida.

Mi propuesta para ti desde el coaching

1. Conócete:

En la pirámide de niveles neurológicos tienes una guía para reflexionar sobre lo que impulsa tus comportamientos, tu forma de pensar, tus creencias, valores, sentimientos, actitudes y habilidades. En fin, cómo afrontas las situaciones.

Cuestiónate: ¿Qué creencias tienes? ¿Son racionales o irracionales? ¿Son realmente tuyas?, ¿o son «heredadas»? ¿Te limitan o te empoderan? ¿Cuáles son tus sentimientos?

¿Cuáles son las emociones que experimentas diariamente? ¿Cuáles se han instalado en ti y las expresas muy a menudo? ¿Tus reacciones emocionales están sujetas a tu control?, ¿o están desbordadas? ¿Has realizado un inventario de tus emociones positivas y/o negativas? ¿Cuáles son tus comportamientos de salud y tus comportamientos de riesgo? ¿Cómo es tu entorno en tu casa y fuera de ella? ¿Cómo son tus relaciones interpersonales con tu familia, tus amigos, tus compañeros de trabajo y tu comunidad?

¿Quién estás siendo? ¿Eres la mejor versión de ti mismo? ¿Quién quieres ser?

¿Vives desde tu autenticidad? ¿De qué manera estás trascendiendo? ¿Cómo es tu conexión con los otros seres humanos, con el mundo, con el universo? Si eres creyente de Dios, ¿cómo es tu vínculo con Él?

¿De qué te das cuenta? ¿Vives en el presente? ¿Eres esclavo del pasado? ¿Vives para el futuro?

Revisa si estas empleando la inteligencia emocional, personal y social o interpersonal. Guíate por lo que expuse en líneas anteriores, que te puede servir de referencia. Expande tu consciencia, implementa la inteligencia emocional y espiritual. De esta forma obtendrás «dividendos».

2. Gestiona tus emociones negativas:

Gestión de la ira: aunque un ataque de ira se puede dar por alguna circunstancia insospechada, muchas veces se presenta tras una serie de disgustos por problemas no resueltos en una relación, cualesquiera que estos sean. En este caso, no estás desprevenido, porque ya sabes que en cualquier momento se puede disparar un ataque de ira y posiblemente conozcas su expresión florida.

Relaciona tu problema de ira con la causa que la dispara e identifica cuál de tus valores es el que está vulnerándose y tienes que defender. Vigila los pensamientos que tienes cuando se dispara tu ira, y los que sigues teniendo a medida que te vas descontrolando. Puede que tengas creencias irracionales o pensamientos de «terribilización», «catastróficos». Puede que no seas objetivo. Cuando te descontrolas, ya conoces lo que viene: respiración agitada, palpitaciones, taquicardia, elevación de la presión arterial, temblor en el cuerpo... Lo primero que se descontrola es la respiración.

Céntrate en la respiración. Inspira, sintiendo el aire cuando pasa por tus fosas nasales, y espira fuertemente. Cuenta hasta cuatro en la inspiración, retén el aire los mismos segundos y espira, igualmente contando hasta cuatro. Repítelo varias veces. Al mismo tiempo, interrumpe tus pensamientos, pues seguramente estarán en un círculo donde solo encierras ira. Si respiras rítmicamente, estarás tocando el botón de la calma.

Si no vuelves a la calma, piensa en la urgencia de «parar» la reacción. Saca tu alerta, visualiza una señal de «¡stop!». ¡Para antes de que sea peor!

Si necesitas más tiempo, realiza operaciones matemáticas mentalmente. Cuenta hasta las decenas que necesites, o multiplica.

Cuando las personas se ofuscan, es difícil llegar a acuerdos o bajar los ánimos. Después de que están desenfrenadas, no hay explicaciones que valgan. Decide qué batallas librar, pero con estrategias, y sal emocionalmente ileso. Mide el costo de los ataques de ira: se dañan relaciones, te expones a un problema cardiovascular y posteriormente puedes presentar depresión, o sentimientos de culpa y vergüenza, los cuales agravan la negatividad.

Elige entre ataque de ira y serenidad, foco y claridad. Elige entre salud o enfermedad. Elige siempre salud. ¡Elige calmarte!

Si has estado irritable en tu cotidianidad, si gritas y peleas por cualquier razón, si insultas o si ofendes, piensa en la necesidad de buscar y encontrar la serenidad. Es posible cambiar de actitud, siempre que te «des cuenta» de hacia donde te lleva la ira y reflexiones sobre qué quieres transformar.

La práctica de meditación con atención plena diaria te va a ayudar.

3. Meditación con atención plena:

Los objetivos de la técnica son «calmar» la mente, mejorar la atención y relajarse. Se registran también beneficios en la reducción de la presión arterial, reducción de la ansiedad y el estrés, y mejoría del sistema autoinmune.

El ejercicio consiste en prestar atención intencional al momento presente, sin juzgar, sin engancharse en los pensamientos que aparezcan o los sonidos que escuches. Realízalo dos o tres veces al día, puedes hacerlo en cualquier lugar. Siéntate erguido en una silla y pega tu espalda al respaldar, aunque no es necesario si estás cómodo sin hacerlo. Los pies deben estar pegados del suelo, los ojos pueden estar abiertos o cerrados, como prefieras. El ejercicio lo harás por varios minutos (de tres a cinco), que puedes ir aumentando progresivamente, según la experiencia.

En un primer momento te vas a relajar: irás aflojando todos los músculos, de abajo hacia arriba, hasta que te sientas totalmente relajado. Centra tu consciencia en la respiración, en el paso del aire por las fosas nasales, respirando rítmica y suavemente. El aire entra y sale de tus fosas nasales, tú lo sientes y solo te concentras en la respiración te... Céntrate en un estado mental de quietud, y si te vienen pensamientos, no te preocupes, déjalos pasar como si vieses los pájaros volar, no te detengas en ninguno, déjalos ir. Sigue concentrándote en el paso del aire por las fosas nasales. Si en el ambiente ocurren ruidos, solo escucha, estás en una atención plena de todo lo que está pasando a tu alrededor y dentro de ti, pero sin juzgar, sin detenerte en nada, en calma, en quietud mental. Ahora te concentras en el aire que pasa hacia tu pecho, lo distiende y lo contrae... te concentras en ese movimiento de la respiración, atento, calmado... luego te concentras en el aire pasando por tus pulmones. Entra y sale. Estás atento, calmado. En unos segundos más, te concentras en el movimiento que ocurre en tu abdomen con la respiración. El aire mueve el abdomen. Sigues concentrado en la respiración, vienen pensamientos, los dejas ir, oyes ruido, solo escuchas... así, centrado en la respiración, en el presente, el aquí y ahora... hasta que completes el tiempo en que tomas unas respiraciones profundas y terminas el ejercicio.

4. Técnica de meditación trascendental:

Los beneficios de esta técnica son similares a los de la meditación plena. Es muy sencilla y poderosa en la mayoría de los casos de estrés, ansiedad, hipertensión arterial y enfermedades cardiovasculares. Produce sensación de bienestar, dicha, calma, aumento de energía, relajación profunda y creatividad. Es perfectamente compatible con una vida activa, y puede realizarse en cualquier lugar.

Te sientas con la espalda erguida, si es posible en la posición de loto, pero no es imprescindible. Cierras los ojos y vas relajando todos tus músculos. Se trata de entrar en un estado de relajación y calma profunda, pero despierto, respirando suavemente. Te relajas y respiras suave y rítmicamente. En este tipo de meditación, se repite un «mantra», una palabra corta que selecciones. Por ejemplo, Dios u OM. Puedes elegir una que tenga significado para ti. La repites, soltándola lentamente. Este tipo de meditación no exige ningún esfuerzo. Debe realizarse en un espacio de veinte minutos dos veces al día. Sus resultados son ampliamente estudiados y sus beneficios ampliamente reportados.

5. Atención a la depresión reactiva:

Hablo de cuando la depresión es tu respuesta a una situación causal.

Toma consciencia de lo que estás sintiendo: Si es desgano, abandono y falta de apetito; si no te quieres arreglar, no quieres salir, no quieres hacer nada y sientes que no te importa nada, que todo te da igual… ¡Atento! Podría ser depresión. Concientiza las posturas de tu cuerpo. Seguramente, tendrás la cabeza hacia abajo, estarás encorvado, con los brazos caídos, lento. Muchas veces, la actitud de «deprimido» te deprime más. Si estás deprimido y todo lo que piensas, haces o dejas de hacer es para mantenerte deprimido, más deprimido te pondrás. ¡Reacciona, porque la depresión es madre de muchos males! Hay que gestionar la depresión, y el primer paso que tienes que dar es la «actitud antidepresiva». De lo contrario, aunque te prescriban una farmacia completa, seguirás deprimido, lamentablemente. Endereza tu cuerpo, pon erguida la cabeza y ponte en pie de lucha contra este mal. Acude a tu don vital, a tu energía espiritual. Anda y encuentra tus recursos, todo lo que te dé vida y movimiento.

Si tus pensamientos son negativos, desplázalos y trae positivos. Si tienes otras emociones negativas, córrelas, trayendo a tu vida emociones positivas. Relaciónate, no te aísles. El aislamiento te va a empeorar, ya por sí solo enferma. Disfruta de las personas que tienes cerca, de las que amas. Sal del hueco donde estás, estira tu mano para que puedan ayudarte. No te quedes allí. ¡Saca tu señal de peligro! ¡Sal de donde estás!

6. Gestión de ansiedad y estrés crónico:

La principal causa de ansiedad son tus propios pensamientos negativos, que permanecen dando vueltas en tu cabeza y se expresan directamente en tu cuerpo. La gestión de la ansiedad crónica, como del estrés crónico, se inicia por la toma de consciencia del gran daño que ocasionan ambos en el organismo, y, en segundo lugar, por el inventario de pensamientos que tienes día a día. Escríbelos y escribe también lo que sientes en tu cuerpo con estos pensamientos. Reflexiona sobre tus convicciones, tus creencias, tus actitudes. La revisión es importante, porque recuerda que actuamos en un 95 % desde el inconsciente. Modifica tus creencias si no son racionales. Si te limitan y te obstaculizan, cámbialas por las que te empoderen.

La energía sigue a la atención, de manera que debes enfocarte en los resultados que quieres. Si estás atascado en el pasado, sal de allí. «Lo bonito del pasado es que ha pasado», Richard Bandler. Haz espacio en tu mente para sembrar pensamientos que te empoderen, abona y cultiva únicamente pensamientos positivos, que te den serenidad y seguridad. Interrumpe el círculo de ansiedad o el de estrés crónico.

Ve hacia el encuentro de la serenidad, adhiérete al estilo de vida saludable. Presta atención a la alimentación saludable, al ejercicio, al yoga, a la meditación, a las técnicas de relajación, a los sonidos (como los cuencos tibetanos o la música que te resulte tranquilizante), a la aromaterapia, a los paseos por ambientes naturales, al descanso restaurador, a la recreación, a las relaciones satisfactorias (familiares, de trabajo, amigos y comunidad), al desarrollo personal, a los logros, a tu sentido de vida.

Busca la calma y la serenidad como una prioridad en tu vida. Búscala dentro de ti, donde no hay nada que temer, en lo más profundo de tu ser, donde solo hay espacios de libertad.

Insiste en transformar lo negativo en positivo, trae a tu mente la serenidad y la calma, y a tu corazón la armonía y la paz ¡Libera tus cargas, vive el presente!

7. Ejercicio de visualización. Construye un refugio:

El objetivo del ejercicio es encontrar calma, serenidad y paz. Disponte a unos minutos de relajación, calma y disfrute. Cierra los ojos y concéntrate en respirar. Con la inspiración, cuenta hasta cuatro; retienes la respiración a la cuenta de cuatro; espiras contando cuatro, y esperas, de nuevo contando cuatro, para nuevamente inspirar. Así, repites y repites. Concéntrate en el paso del aire por tus fosas nasales. A la vez, siente que estás aflojando todos tus músculos, que todo el cuerpo se afloja. Haz un recorrido lento por todo tu cuerpo: cabeza, cuello, hombros, brazos, manos, pecho, abdomen, pelvis, piernas y pies. Siente la relajación, siéntete liviano, bota todas tus cargas, todo lo que te molesta se va, y sigue respirando rítmicamente.

Construye un hermoso y agradable lugar en tu mente, puede ser un lugar al que hayas ido antes, o que solo sea imaginario. Este será tu refugio cuando lo necesites, donde te encantará estar y podrías conectarte contigo mismo. Habrá mucha comodidad para ti, allí podrás descansar, sentirte tú mismo, libre, liviano, sin decir nada, sin pensar en nada, solo sentir la belleza y la serenidad del lugar. Tiene el despliegue de colores que te gustan, que le quieras poner; es silencioso, de allí emanan los sonidos que quieras escuchar, los que te agradan, como pájaros cantando, el agua del curso de un río o el sonido de las olas del mar; ves el agua correr, o el vaivén de las olas, o la caída de agua de una cascada, las hojas de los árboles moviéndose, un cielo nocturno estrellado o un día resplandeciente. Sientes la brisa como una caricia, ese es tu lugar de paz, está allí para ti, espera por ti, para cuando quieras ir, para cuando necesites ir. Será tu refugio por unos minutos.

Continúa respirando rítmicamente, con los ojos cerrados, sintiéndote sin cargas, muy liviano. Percibe el aroma que te gusta y te hace feliz. Hay árboles frutales muy cercanos, de manera que puedes acceder a tu fruta preferida y disfrutarla. Te maravilla estar en ese lugar que has elegido como refugio para ti, como fuente de vitalidad, de energía y serenidad. Te sientes en calma, en paz contigo y con el mundo. Permanece allí el tiempo que quieras. Cuando te sientas listo y sereno, como el fondo del océano, en tu profundidad, regresa, sintiendo la serenidad, la calma y lo liviano de haber botado tus cargas. Emprende tu camino de regreso y abre los ojos. Vuelve las veces que lo necesites, o ve asiduamente. Es tu lugar.

Reflexiones

Personalmente, pienso que la mejor gestión de la ira, la ansiedad, la depresión reactiva, por citar las emociones negativas más frecuentes; y el estrés crónico, la encontramos en la elección consciente de un modo de vivir en armonía, en paz y serenidad, desde el núcleo de lo que somos, sintiendo firmeza desde el fondo de nuestro ser, en donde encontraremos luz, claridad, foco, inspiración y energía, para dar lo mejor de nosotros y relacionarnos, sin contratiempos, con los demás, usando la amabilidad, la cordialidad y el respeto. Lo que no está en ti, y no depende de ti, déjalo ir.

Tenemos todas las oportunidades que queramos para ser felices, creativos, productivos y divertidos, para experimentar todos los sentimientos positivos. La vida puede ser corta o larga, no lo sabemos. No la malgastes, adminístrala con efectividad. Controla lo que puedas controlar, que no es más que a ti mismo.

Construye tu día con la intensidad que quieras. Ponle color, ponle sabor. Sal desde tu corazón. Toca ese mundo que está allí para ti, a tu disposición. Ve con entusiasmo, con optimismo, con amor, con fe. Sueña, ríe, baila, canta, ama, comparte, abraza, besa y vive sanamente, sin dejar espacio para la negatividad. No camines por la oscuridad, irradia tu propia luz.

Por encima de tus sentimientos están tus creencias y tus valores, que a la vez están dirigidos por tu identidad y tu espiritualidad. Entonces, cuestiónate…

¿Quién estoy siendo? ¿Qué estoy creyendo para experimentar lo que estoy sintiendo? ¿Qué valor estoy viviendo? ¿Cuál es el sentido que he dado a mi vida, que va más allá de mí? ¿Qué estoy haciendo?

Alinea todos los niveles de tu experiencia para buscar el objetivo que transforme tus resultados hacia tu armonía, productividad, creatividad, satisfacción, éxito, felicidad, salud y bienestar. Dale la vuelta a tus emociones. No permitas que pensamientos, emociones o sentimientos negativos sean parte de ti, ya que son la llama que enciende conflictos y malestares, el imán que atrae la insatisfacción, el detonante de la explosión de una enfermedad.

Conclusiones

1. Somos seres racionales, pero también emocionales y relacionales.

2. Funcionamos 95 % desde nuestro inconsciente y 5 % desde la consciencia. La idea es extender la consciencia, «darse cuenta», para hacer mejores elecciones y obtener los resultados que queremos.

3. Las emociones pueden ser positivas o negativas, según sea su influencia para mantenerte saludable o para poner tu salud en riesgo.

4. Las emociones negativas más frecuentes y estudiadas por sus efectos sobre la salud son la ira, la ansiedad crónica, la hostilidad y la depresión. La gestión de emociones negativas es prioritaria por la seriedad de las repercusiones que tienen sobre la salud.

5. El estrés crónico se presenta con frecuencia y es nocivo para la salud. Aparte de aprender a gestionarlo, tendrás que incluir el manejo de otros aspectos, como, por ejemplo, el tiempo, las relaciones interpersonales y tu relación contigo mismo, entre otros.

6. La inclusión de pensamientos y emociones positivas, así como de creencias que te empoderen, es muy importante en la gestión de las emociones negativas y el estrés. También lo es la activación de señales para uso personal, las cuales moderan la expresión de las emociones negativas.

7. Puedes utilizar técnicas que te ayuden a generar calma y serenidad, como técnicas de relajación y de meditación con atención plena, y herramientas de PNL, cuyos beneficios han sido plenamente identificados.

8. Incluye en tu plan la alimentación sana, el ejercicio, el yoga, el descanso y la recreación.

9. El desarrollo personal, la satisfacción y los logros son parte importante de la gestión de tus capacidades.

10. La ansiedad, irritabilidad y agresividad en niños hijos de personas con problemas de alcoholismo deben ser sujetas a atención especial, ya que, de no haber intervención, una vez se hacen adolescentes y, lamentablemente, llegan a probar drogas o alcohol, es posible que los quieran seguir utilizando como automedicación, siendo más factible que caigan en adicción.

CAPÍTULO 5

NIVEL CREENCIAS Y VALORES

¡CUESTIÓNATE Y EMPODÉRATE!

IDEAS Y PENSAMIENTOS

Comencemos por las ideas y pensamientos como base de la actividad mental.

Habitualmente, tenemos alrededor de sesenta mil pensamientos al día. Muchas veces se repiten, no son producto de una reflexión, no tienen una lógica, solo van y vienen. Tampoco sabemos cómo eludirlos, porque muchas veces son molestos, se limitan a hacer bulla en nuestras mentes. Por eso, a ese tipo de pensamientos se les llama «automáticos».

La capacidad cognitiva que tenemos los seres humanos hace que organicemos de una manera particular las impresiones que ya traemos al nacer, mediante la influencia transgeneracional, la información que nos llega del exterior a través de los sentidos y las experiencias que vamos viviendo, que se inician con las primeras personas que nos cuidan cuando somos pequeños. Así, se va estructurando en nosotros una manera particular de pensar, de sentir, de creer y de responder, lo que se denomina «patrón mental».

Los pensamientos son energía y, por consiguiente, frecuencias vibratorias, de manera que la calidad de nuestros pensamientos afectará vibratoriamente nuestro organismo y nuestra realidad. Así, nos afectarán de forma positiva o negativa.

«Cada acción del hombre brota de la semilla de su pensamiento y cosecha los frutos dulces o amargos que él mismo siembra. Cuando se da cuenta de su poder creativo, y de que puede manejar las tierras y semillas de su ser, de las que las circunstancias nacen, se convierte en el amo y señor de sí mismo», James Allen.

El cuerpo responde rápidamente a los pensamientos que lo dominan. Un rostro sereno, dice Allen, solo puede ser el resultado de dejar entrar libremente en la mente pensamientos felices, buenos deseos y serenidad.

Los pensamientos positivos y negativos no solo tienen poder en la salud y en la enfermedad, también tienen repercusión en todas las áreas de tu vida.

Pensamientos saludables

Son los que permiten construir estructuras mentales que propicien un aprendizaje positivo de nuestras experiencias, las cuales se reflejarán en una manera positiva de narrarlas, dar prioridad a mantenernos en calma y serenidad, reafirmarnos en nuestras fortalezas, autoestima y empoderarnos, con el convencimiento de que podemos ser la mejor versión de nosotros mismos y hacer lo que nos sentimos llamados a realizar desde nuestro ser.

Pensamientos negativos

Hay formas de pensamiento que debemos concientizar, porque nos limitan. Por ejemplo, generalizar: «todos», «nadie», «siempre», «nunca»…; personalizar; etiquetar; comparar y «terribilizar».

Diálogos internos de negatividad

Los diálogos internos son parte de nuestra actividad mental. Pueden iniciarse por una situación reciente, por un recuerdo, por alguna acción que realizamos, por algo que no funcionó en una relación… Si coloreamos de negatividad nuestro diálogo con algunas de las distorsiones que cité en líneas anteriores, como terribilizar, por ejemplo, o realizar una autocrítica severa sobre nuestras capacidades o acciones, recalcando los errores, vamos a ir hacia reacciones del tipo de la ansiedad, la depresión, la frustración, las sensaciones de derrota o la victimización.

¿Tu mente es tu amiga o tu peor enemiga? Más adelante, en la parte orientada a la práctica, voy a hacer hincapié sobre ejercicios que puedes utilizar para intervenir tus pensamientos y diálogos negativos.

CREENCIAS

Son todas aquellas convicciones que tenemos, ya sea sobre nosotros mismos; sobre personas, situaciones o cosas; sobre el mundo o sobre conceptos como la vida, la muerte, el trabajo… Generalmente son adquiridas desde la infancia por influencia familiar, cultural y religiosa. Están allí, muchas de ellas en nuestro inconsciente, y las exteriorizamos verbalmente en ocasiones, o damos muestra de ellas con nuestro lenguaje cotidiano, sin percatarnos de la profundidad de la importancia que tienen. Casi nunca las cuestionamos, y permanecen en nosotros como si fuesen dogmas. Las creencias pueden ser racionales o irracionales, es decir, pueden o no tener lógica. Las creencias racionales son potenciadoras, y nos facilitan los resultados deseados, mientras que las creencias irracionales nos limitan, obstaculizan los resultados que queremos.

Los pensamientos negativos y las creencias limitantes pueden convertirse en tus peores enemigos, te sabotean, te minimizan y te restan motivación y poder.

¿Cómo las podemos detectar?

Si prestas atención a tu lenguaje, encontrarás cómo van saliendo tus creencias limitantes. Pueden estar relacionadas a algo que quieres hacer o a resultados que quieres tener, no consigues o no haces algo al respecto. Son frecuentes:

«No puedo».

«No merezco».

«No soy capaz».

«No gusto».

«No atraigo».

«Se necesita suerte».

«Soy muy viejo para eso».

«No tengo títulos».

«Soy así».

«Soy como mi mamá/como mi papá».

«Hasta allá no llego».

«Los ricos están contados».

«Soy un fracasado».

«Tengo que trabajar duro para ganarme el dinero».

«Es cuestión de suerte».

«En mi familia todos han muerto jóvenes, eso es lo que me espera».

Otras veces son menos obvias, y tienes que seguirles la pista, porque pueden estar detrás de un cambio repentino de tema, o cuando usas expresiones tales como:

«Sí, pero…».

«Debería», «tendría», «algún día».

«Vamos a ver», «no sé».

Recuerda que las creencias limitantes son las principales responsables de que no consigas tus objetivos y de que no vivas tus valores. Pregúntate qué te impide lograr tu objetivo. Encontrarás, muy probablemente, una creencia limitante.

Dice R. Dilts que todo problema de creencias tiende a relacionarse con desesperanza, cuando sientes y crees que nada es posible y aparece la impotencia.

A propósito… ¿Dónde está la mente?

Recientemente se ha cuestionado que la mente esté solamente en el cerebro, ya que la actividad mental proviene también del cuerpo y de las relaciones interpersonales, manteniendo un flujo de energía e información del exterior al interior del organismo, e, igualmente, del interior al exterior de este (visión sostenida por D. Siegel, 2017 y otros investigadores). La científica Candace Pert (1973) descubrió que los receptores que procesan la información en las membranas de las células nerviosas están también presentes en la mayoría de las células del cuerpo, estableciendo que la mente no está localizada únicamente en la cabeza, sino a lo largo del cuerpo, en forma de moléculas señal. Muchas investigaciones llevan a pensar, actualmente, que el universo es «mente», donde ocurre ese flujo de energía e información, del que todos somos parte. Se trata de una interconexión de todos con el todo.

¿Qué es el *mindsight* o «visión de la mente»?

Es una capacidad y una técnica. «Es centrar la atención en la propia mente para observar su funcionamiento interno. Esta visión permite que seamos conscientes de nuestros procesos mentales sin dejarnos atrapar por ellos, liberarse del automatismo de las conductas arraigadas y de las respuestas rutinarias», Daniel Siegel.

Con este autoconocimiento de nuestros procesos podemos tomar distancia de lo que nos está sucediendo sin agobiarnos. Verlo de afuera, como observadores, testigos o espectadores, nos permite reemplazar lo que nos está limitando, liberarlo y, más aún, transformarlo.

Según palaras de Siegel, la visión de la propia mente ayuda a desarrollar la inteligencia emocional personal y social, transforma una vida de desorden en bienestar y crea relaciones satisfactorias llenas de empatía y compasión.

Recordemos que nuestro funcionamiento consciente es solo el 5 %. El 95 % restante, el inconsciente, es responsable de nuestros hábitos, de lo que hacemos sin pensar, automáticamente. Es importante tener esto presente cuando repetimos afirmaciones positivas para lograr algo y no lo logramos, y es que no es suficiente, porque la parte subconsciente sigue repitiendo lo que venimos pensando, lo que venimos creyendo, lo que nos venimos diciendo y lo que venimos sintiendo. Hay que hacer un trabajo completo, mirarnos hacia adentro y tratar los procesos hasta hacer nuevos hábitos de pensamiento y nuevos hábitos emocionales, así como reemplazar las creencias que nos limitan por creencias que nos potencian.

Mi propuesta para ti desde el coaching

Tómate un tiempo solo para ti, lleva papel y lápiz y disponte a relajarte. Realiza varias respiraciones fuertes, y luego comienza a respirar suave y rítmicamente. Siente como se relajan todos tus músculos, de la cabeza a los pies.

Ahora revisa si hay algo que quisieras que fuera diferente en tu vida y sobre lo que no has emprendido, hasta ahora, ningún esfuerzo. ¿Tienes alguna queja?, ¿culpas a alguien o algo de no poder cumplir tus sueños? ¿Qué crees que te lo ha impedido hasta ahora? ¿Qué quieres transformar en tu vida? ¿Qué te dices a ti mismo? ¿Cuáles son los pensamientos que te vienen? ¿Cuál es tu diálogo interno referente a eso? ¿A qué le das vueltas?

Anota tus pensamientos y anota tu diálogo interno. Date cuenta, concientiza lo que está pasando en tu mente. Cuando lo tengas por escrito, dilo en voz alta y cuestiona tus pensamientos, tu diálogo, y contrástalo con la realidad, objetivamente, con la consciencia de que tú creas tu realidad y que solo tú eres responsable de tus resultados.

Ejercicios relacionados a pensamientos, diálogos internos negativos y creencias racionales e irracionales.

1. Interrupción de pensamientos y diálogos negativos

Primero que nada, debes detectar los pensamientos negativos automáticos, esos que van y vienen, que parecen salir de la nada.

También debes estar atento a lo que pasa dentro de ti, en tu mente. Atento a tus diálogos internos.

Por otro lado, es importante anotar los pensamientos, anotarlos todos, llevar un control por varios días, una semana, quince días.

Luego, hay que leerlos en voz alta. Analiza y cuestiona:

«¿Pasó "X" situación o ninguna?», «¿yo comencé a pensar en…?», «¿me comencé a sentir…?» (cómo).

Cuestiona tu lenguaje:

¿De verdad es «siempre», «nunca», «son todos», «ninguno»? «¿Estoy etiquetando?», «¿personalizando?», «¿me estoy yendo al futuro?», «¿al pasado?», «¿estoy en el presente?».

Luego, habla contigo como si fueses tu mejor amigo:

Di a ti mismo: «Yo no soy mis pensamientos, yo no soy mis emociones. Yo soy más que eso».

Siente lo que es tu esencia, lo que eres en el núcleo de tu ser, experimenta tu grandeza.

Genera las afirmaciones que mereces, saca tu poder, y ahora ¡transforma lo que te estabas diciendo en negativo en afirmaciones positivas! Cambia tus pensamientos, canaliza tu foco y tu energía. ¡Empodérate!

Observa cómo te vas sintiendo. Anota lo que te dices y anota cómo te sientes.

Repite el ejercicio hasta que logres erradicar tus pensamientos y diálogos negativos. Si se repiten los pensamientos que quieres cambiar, piensa que no son tuyos, que por alguna razón pasaron por tu mente, pero no son tuyos, déjalos ir.

2. Revisa las creencias que tienes sobre diferentes áreas:

Puede ser, por ejemplo, sobre la belleza, sobre la edad, sobre el amor, las relaciones, las relaciones de pareja, la salud, el envejecimiento...

Las creencias pueden cambiar de forma espontánea en las diversas etapas de la vida, en forma natural o porque te las has cuestionado, has dudado. Revisa tu listado para saber si está «desactualizado» o si sigue vigente, revisa si te empoderan o te limitan.

3. Cambio de creencias limitantes. Identificación y cambio

Resumen para autocoaching de la técnica para coaches de J. O'Connor&Andrea Lages, 2005

- Identifica tus creencias limitantes. Da prioridad a la que pueda estar obstaculizando alguna decisión que postergas, algún resultado que quieres obtener.
- Recuerda que detrás de un objetivo que no has podido lograr debe haber una creencia limitante.
- Para lograr un objetivo, necesitas creer tres cosas:
    ◊ Que es posible de alcanzar.
    ◊ Que tú eres capaz de alcanzarlo.
    ◊ Que mereces alcanzarlo.
- Cuestiónate en esos tres aspectos. La creencia limitante estará en alguno de los tres.
- Reflexiona sobre la o las creencias limitantes que identifiques, y trabaja sobre la más importante.

- Cambia la creencia.
- Escribe muy puntualmente la creencia que quieres cambiar.
- Es importante reflexionar sobre para qué te estaba sirviendo la creencia que quieres cambiar y cuál era el beneficio por el que mantenías la creencia, ya que siempre hay beneficios escondidos que hay que concientizar.
- Reflexiona: ¿Qué te gustaría creer?
- Una vez que consigas la creencia que quieres tener, la formularás en positivo y en presente. Debe ser susceptible a comprobación, tienes que sentirte a gusto con ella y no perjudicar a otras personas.
- Escríbela.
- Reflexiona si el beneficio que tenía tu creencia anterior en ti estará presente con la nueva creencia, es importante.
- Lleva tu creencia anterior al «museo de viejas creencias».
- Acción. ¿Qué harás de forma diferente como resultado de tu nueva creencia?

4. Hacer varias listas de lo que son tus creencias

1. Las que se refieren a tu persona, a lo que crees de ti mismo.
2. A las afirmaciones que realizas sobre lo que es tu pareja.
3. Las creencias que tienes sobre los miembros de tu familia y sobre la convivencia.
4. Las creencias que tienes sobre tus amigos.
5. Creencias sobre tu trabajo, tus compañeros de trabajo y tu jefe.
   - Cuestiona esas creencias: ¿están fundamentadas?, ¿son racionales?, ¿estás generalizando: «siempre» «nunca»… ¿Estás etiquetando?, ¿estás «terribilizando»? ¿estás exagerando?, ¿eres objetivo?
   - Analiza si hay alguna o algunas creencias que te puedan limitar para llegar a mejores resultados, para emprender una acción, para salir de tu zona de confort.
   - Si encuentras alguna creencia limitadora en cualquiera de las áreas, date un margen y disponte a cambiarla por una creencia

que te potencie, que potencie una relación, que mejore una situación...

◊ Crea una afirmación contraria a tu creencia limitadora. Escríbela. Tiene que ser afirmativa. Evitarás completamente la palabra «no». Incorporarás la nueva creencia a tu mente y a tu corazón, porque te va a facilitar el camino de lo que deseas lograr. Hónrala, repítela, y cada vez que pienses en ella, piensa en lo que sí vas a lograr. Enfócate en ella, y repítela muchas veces durante el día todos los días. Inicia tu dirección hacia la obtención de tus resultados. Haz planes de acción. La primera creencia que debes repetir a diario es «yo creo en mí». Después, las demás.

VALORES

Son principios que rigen nuestra vida y nuestros comportamientos. Según Milton Rockeach (1973), «valor es la creencia perdurable de que una forma concreta de conducta o estado final de la existencia es personal o socialmente preferible al modo opuesto o converso de conducta o estado final de la existencia. Sistema de valores es una organización perdurable de creencias sobre los modos preferibles de conducta o estados finales de la existencia, en un continuo de importancia relativa».

Nuestro sistema de valores guía nuestra conducta. Siempre que los comportamientos estén alineados con los valores, seremos congruentes.

Es probable que si te preguntase cuáles son tus valores y en qué jerarquía los tienes, tardes en contestar. Todos tenemos valores, y es importante dedicar un tiempo a definir los valores que tenemos en las diversas áreas de nuestra vida, tus valores personales, de pareja, de familia, profesionales, laborales, sociales... De acuerdo con los valores sabemos qué es lo más importante en la vida de las personas.

Todas las etapas de la vida tienen sus propios valores, lo cuales actúan como objetivos y medios, de manera que, si cambia la etapa, cambian los valores, los objetivos y los medios. Si no estás contento con lo que estás haciendo, revisa tus valores y mira con cuál está interfiriendo. Toma decisiones para ser congruente.

Ser coherente con los valores mejora la salud. Cuando comportamientos, entorno y valores no están alineados, se producen consecuencias negativas para la salud, productividad y rendimiento.

Los valores se clasifican de diferentes maneras, una de ellas es en valores instrumentales y valores finales. Los valores instrumentales son aquellos que llevan a los valores finales, que son los objetivos que perseguimos (Rockeach, 1973).

Cabe destacar que algunos valores pueden ser muy importantes para algunas culturas y para otras no; mas los valores son universales, es decir, el concepto de estos como valor no varía. Así tenemos, por ejemplo, la responsabilidad, libertad, justicia, honestidad, sinceridad, lealtad, solidaridad, comprensión, confianza, amor, agradecimiento y amabilidad.

El listado de valores es largo. Te traigo los más comunes, de manera que sirvan de base para la identificación de los tuyos. Salvador García, Diccionario de valores (2018), cita:

Agradecimiento, alegría, amabilidad, amor, análisis, apertura, autenticidad.

Belleza, Bondad.

Coherencia, compromiso, comunicación, confianza, constancia, cooperación, cosmopolitismo, creatividad, curiosidad.

Detalle, diálogo, dignidad, dinero consciente, diversión.

Eficiencia, empatía, emprendimiento, entusiasmo, esfuerzo, espontaneidad.

Flexibilidad.

Generosidad.

Disciplina.

Honradez, humildad, humor.

Idealismo, imaginación, ingenuidad, innovación, integridad, intuición.

Justicia.

Libertad.

Orden, optimismo.

Paciencia, precisión, prudencia, pasión.

Realismo, reconocimiento, respeto, resolución, responsabilidad, rigor.

Salud, seguridad, simplicidad, servicio, sinceridad, sobriedad, solidaridad.

Tolerancia, transparencia.

Valentía.

Podríamos agregar algunos más, como amistad, familia, fidelidad, honestidad, lealtad, logro, mérito, motivación, paz y perseverancia. En realidad, hay muchos más.

Lo que trabajar con tus valores implica:

Identificarlos, jerarquizarlos y alinearlos con tus actitudes y comportamientos. ¿Cuáles son los más importantes para ti? A modo de orientación, te comento los valores que con mayor frecuencia consideran las parejas, las familias, la sociedad y las relaciones laborales. Define los tuyos.

- **Parejas:** amor, comunicación, respeto, unión, armonía, fidelidad, amabilidad, lealtad y confianza.
- **Familias:** empatía, compromiso, responsabilidad, respeto, esfuerzo, felicidad, amor y tolerancia.
- **Sociales:** democracia, igualdad, patriotismo, derechos, respeto, justicia, honestidad, responsabilidad, cortesía, tolerancia, cooperación, compromiso, solidaridad y puntualidad.
- **Laborales:** respeto, justicia, compromiso, comunicación, responsabilidad, cooperación, puntualidad, creatividad y reconocimiento.

Ten presente que los valores toman sentido en la acción

Puede ser que tú digas que «x» es un valor para ti, pero llegada la hora de expresarlo en la acción, no honres ese valor. Honrar los valores es hacerlos parte de tu toma de decisiones, es vivirlos en tus acciones, es expresarlos en tus objetivos como valores finales a través de valores instrumentales.

Los pensamientos, las creencias y los valores, junto a las emociones y sentimientos, forman las entramadas redes de nuestra mente, nos llevan a reacciones y comportamientos, y, así, los resultados que observamos exteriormente son producto de las vivencias que se generan en nuestro mundo interior.

Tal como hay hábitos de comportamiento, formamos hábitos de pensamiento y hábitos emocionales por simple repetición, por lo que debemos tomar consciencia de la importancia de la autoobservación, y dar una mirada interna para conocer cómo es el movimiento de nuestros procesos mentales, ya que hay hábitos que no nos dejan crecer o ser felices, y nosotros mismos somos los únicos que podemos hacer algo al respecto. Esto es a través de la intervención sobre los hábitos que limitan nuestro desempeño.

Componentes objetivos y subjetivos del valor de la salud

El valor es objetivo porque se constituye como valor independientemente, fundamental y universal. Sin embargo, tienen algo de subjetividad, de acuerdo a como cada quien interpreta y vive sus valores. Es posible que una persona no esté objetivamente saludable y, sin embargo, se sienta saludable, y viceversa: que esté objetivamente saludable y se sienta enferma. Esto es más común de lo que podemos pensar.

Es difícil saber si uno realmente está bien de forma completa. Además, el hecho de la propia interpretación de tu salud o bienestar puede ir aparejado con otras condiciones, como lo es el proceso de adaptación. Por otra parte, el bienestar depende de otros factores, uno de los cuales es la percepción de la propia salud. Pero podemos citar otros más, como familia, trabajo, satisfacción propia, satisfacción interpersonal, ocio, nivel socioeconómico e ingresos económicos, sobre todo en las poblaciones pobres, todos ellos sujetos a percepción personal.

La información, el conocimiento y la toma de consciencia de la construcción y deconstrucción libre de la salud son fundamentales en las elecciones de salud que realizamos, en los estilos de vida que adoptamos.

Puedo presentarte tres posibles escenarios al reflexionar sobre el presente y futuro de tu salud, escenarios donde están en juego tus posibles elecciones, comportamientos y, por ende, la salud o la enfermedad:

1. **Tienes conocimiento** acerca de cuáles deben ser tus elecciones y comportamientos de salud, y en base a ello eliges y te comportas. Estás saludable.

2. **No tienes conocimiento** sobre lo que debes elegir para estar saludable. No sabes que estás teniendo comportamientos inadecuados y te interesa saber para elegir y comportarte en beneficio de tu salud. Realizarás cambios y reducirás tu riesgo de enfermar.

3. **Sabes que tus comportamientos son incompatibles con tu salud, pero no te sientes vulnerable ni quieres hacer cambios**. Crees que no te vas a enfermar, y prefieres permanecer libremente en comportamientos inadecuados... Estás en riesgo de enfermar.

Trabajando los valores: mi propuesta para ti desde el coaching

Tómate un tiempo solo para ti. Lleva papel y lápiz. Siéntate cómodo, en silencio, relajado, respirando suave y rítmicamente. Vas a comenzar a pensar en lo que son los valores para ti.

¿Cuáles son tus valores más importantes?

Para llevar a cabo el listado, primero debes revisar el significado que tiene para ti el valor o los valores seleccionados y la creencia que tienes acerca de ellos.

Selecciona cinco valores personales, cinco de pareja, cinco sociales, cinco laborales, cinco para la amistad…

Asígnales una jerarquía en cada área.

Los valores de pareja y de familia deben ser compartidos. Habrá un encuentro donde se trate el tema, se compartan los valores de cada quién y se seleccionen entre las partes los que van a llevar en común en la relación de pareja o de familia, con el compromiso y responsabilidad de cada uno.

Importante. Todo proyecto personal, de pareja, de familia, social y laboral se lleva a cabo orientado, motivado, ejecutado y mantenido por valores. La mayoría de los conflictos ocurren cuando uno se siente vulnerado en uno de sus valores más importantes, lo cual es causa de obstáculos en el crecimiento personal, rupturas de relaciones, renuncias laborales…

Revisa

¿Qué valor tuyo no estás dispuesto a negociar? ¿Estás dispuesto a honrar tus valores?

Anota los valores que ves en tu pareja. ¿Los respetas? ¿Respeta tu pareja los tuyos?

¿Los valores de tu familia se respetan?

En cuanto a los valores de tu trabajo, ¿son acordes tus valores con lo que estás haciendo en lo laboral? ¿Respetan en el trabajo tus valores personales?

¿Estás de acuerdo con los valores de tu comunidad?

Evalúa del uno al diez el grado de satisfacción que tienes con cada valor. Puntuaciones de siete y superiores hablan de satisfacción. En caso de puntuaciones inferiores, decide cuál o cuáles valores trabajar para alinearlos con tus actitudes y tus comportamientos. Es esa alineación lo que te hace congruente.

Guarda tus anotaciones, sobre todo guárdalas en tu mente y en tu corazón. Vive tus valores, hónralos. Sé congruente con ellos en tu hacer cotidiano.

Trabajemos el valor de la salud

¿Qué valor le asignas a la salud en una escala uno al diez? ¿Tus comportamientos te llevan hacia la salud o te alejan de ella?

Si quieres apreciar el valor de la salud, detente a mirar y a oír, y ponte en la piel de aquellos que no la tienen.

La salud puede verse como un valor terminal, es decir, al que aspiramos, pero también es un valor instrumental, ya que, si bien todos perseguimos estar saludables, se constituye en un medio para alcanzar numerosos objetivos.

Nuestra salud se construye en base a muchos elementos. A veces es una deconstrucción, como resultado de las elecciones que hacemos, que van en su contra. De manera que honrar el valor salud implica el conocimiento de todo aquello que le es positivo, para seleccionarlo, y también de lo que le es negativo, para rechazarlo.

Los comportamientos estarán alineados con la salud si las creencias sostienen el valor y las actitudes van en el mismo sentido. Los comportamientos saludables están sustentados por una serie de valores que los apoyan, como son la «responsabilidad» sobre nosotros mismos, el «conocimiento» apropiado para realizar elecciones adecuadas, el «compromiso» con todo aquello que nos conviene, la «motivación», el «esfuerzo» y la «perseverancia», para efectuar los cambios necesarios y lograr los objetivos. La «visión» y la «vigilancia» de la salud como valor se harán presentes en el equilibrio de nuestras dimensiones: corporalidad, intelectualidad, afectividad, sociabilidad y espiritualidad.

¿Cuáles son tus creencias, valores, actitudes y comportamientos en beneficio o en contra de tu salud?

Asigna a tu salud un número en tu jerarquía de valores.

Revisa tus creencias, tus actitudes y comportamientos de salud para concientizar si estás siendo congruente: alimentación sana, adecuada en calidad y en cantidad; actividad física suficiente; sueño reparador; protección solar; moderación del alcohol; gestión del estrés; emociones y sentimientos positivos, diez por día; creencias racionales empoderantes; recreación; trabajo digno; ingreso económico que permita calidad de vida; socializar; dar sentido a la vida, que motive y dirija nuestros esfuerzos y nuestras acciones; vivir desde nuestro ser, auténticamente, lo que somos; vivir nuestra dignidad; conectarnos permanentemente con lo que es trascendente para nosotros; y decir «no» a lo que se ha comprobado como dañino para la salud, como el uso de drogas ilícitas, el hábito de fumar, el abuso del alcohol, la falta de protección ocupacional, pensamientos y diálogos internos negativos, creencias irracionales, no honrar tus valores, dietas malsanas en calidad y en cantidad, sedentarismo y exponerse a enfermedades contagiosas, tales como el Covid-19.

Detecta las incongruencias a cualquier nivel y trabájalas para producir la alineación. Desarrolla un plan de acción que se inicie con pequeños pasos y hazle seguimiento para que funcione.

Conviértete en un buen observador de ti mismo.

Desarrolla tu inteligencia emocional personal: autoestima, automotivación, autocontrol, autoeficacia.

Revisa los valores que vas a necesitar para mantener la alineación y lograr el objetivo de la salud y el bienestar: responsabilidad, compromiso, conocimiento, motivación, esfuerzo, perseverancia… tú dirás.

Desarrolla las emociones basadas en valores

En el campo de las adicciones existen dos clases de emociones. Unas están basadas en conductas, y otras están basadas en valores.

- Las basadas en conducta: se experimentan como resultado a los estímulos que las desencadenan, a la cual sigue una conducta compulsiva. Las emociones son inmediatas, saturan el sistema de valores de una persona y, si se sostienen en el tiempo, los destruyen.

- Las emociones basadas en los valores: son diferentes, no dependen de la reacción a un estímulo, ni persiguen una satisfacción inmediata. Se basan en un compromiso de crecimiento a largo plazo y a la gestión de la vida. Hay una comunicación sincera y abierta consigo mismo. Es el caso, por ejemplo, de un corredor de maratón (Dolan, S, 2018).

Conclusiones

1. Cuida los pensamientos que siembras en tu mente, porque «de ellos va a depender lo que llamas destino».
2. El diálogo interior, a base de pensamientos negativos y creencias limitantes, deteriora la salud e impide el logro de objetivos.
3. Puedes identificar tus creencias limitantes si prestas atención a tu lenguaje. Te orienta directa o indirectamente.
4. Las creencias limitantes que tienes sobre ti mismo, tus capacidades o merecimiento deben ser identificadas y cambiadas en beneficio del logro de mejores resultados en tu vida siempre que quieras.
5. Revisa lo que es importante para ti en cada área de tu vida, revisa tus valores personales, familiares, de pareja, laborales… y alinea tus comportamientos con tus valores. Vive tus valores. Serás coherente. La falta de coherencia es perjudicial para la salud.
6. Los primeros valores que necesitas revisar son los relacionados al valor que te asignas a ti mismo como persona, los que se refieren a ti, a tu valía, la cual estás dispuesto a honrar y no dejarás pisotear.

CAPÍTULO 6

NIVEL IDENTIDAD Y NIVEL ESPIRITUALIDAD

Marco de referencia nivel identidad y espiritualidad

Te facilito un marco de referencia teórico que considero importante en la comprensión de los niveles identidad y espiritualidad.

Según Carl Rogers, psicólogo humanista del siglo pasado, la estructura del YO (concepto de quien soy), emerge gradualmente de la interacción entre el organismo y el ambiente. La tarea fundamental del individuo es la autorrealización del yo. El «yo» es el centro de la consciencia. El «yo» es la fuerza integradora del ser humano.

La identidad: es la percepción que un individuo tiene de sí mismo como único, como diferente al resto. La singularidad, unicidad, exclusividad y continuidad en el tiempo son propiedades inherentes de la identidad (Iñigo y Lupicinio 2001). Podemos pensar que somos de una manera, y en algunos aspectos, objetivamente, somos de otra, resultando estos aspectos mejor conocidos por las personas que nos rodean.

La personalidad: es un patrón complejo de características psicológicas, profundamente enraizadas, en su mayor parte inconscientes y difíciles de cambiar, que se expresan automáticamente en casi todas las áreas del funcionamiento del individuo (Millon, 1998).

El sí mismo: es el proceso que organiza y mantiene nuestro sentido de identidad. Es continuo, dinámico y se actualiza en base a la experiencia. Incluye lo consciente y lo inconsciente, o sea, es la totalidad de lo que somos. Se va revelando a través de las relaciones, se expresa en la personalidad. El sí mismo como sujeto es el sí mismo autobiográfico, que incorpora la dimensión social y la espiritual. Es protagonista y, a la vez, es testigo.

El ser: es la noción abstracta de lo que el hombre es como ente. La esencia es el contenido del ser, y la existencia es su presencia real.

La esencia del ser humano: la esencia de algo es aquello que realmente lo constituye, lo que permanece en el conjunto cuando se eliminan todas las características que lo circundaban. Es lo que no depende de otra cualidad.

La esencia del ser humano es lo trascendente, la autoperfección y el amor, que es una perfección originaria del acto de ser. Siempre está en búsqueda de expresarse, de desarrollarse, de autorealizarse hasta la plenitud. Tu esencia es tu verdadero tú, tu verdadero ser. Conectar con tu ser expande la consciencia.

Según la psicología positiva, todos somos capaces de convertirnos en el tipo persona que queremos ser. Las personas altamente funcionales están en un proceso constante de actualización.

El modo de ser: se refiere a la gestión de su carácter. Una persona auténtica es, por ejemplo, aquella que no finge ser alguien más, sino que es ella misma. Del modo de ser proviene la «manera de ser», que es lo que mostramos al exterior, quedando una parte que nos reservamos para la intimidad.

Ser auténtico: es tener el valor de ser lo que realmente eres, de forma íntegra y sincera, sin recurrir a modelos, modas, tradiciones y creencias, y aceptando las limitaciones y cualidades que posees. Es ser (del verbo ser) desde el ser (la esencia que eres).

El hecho de ser auténtico evita la tensión existente entre lo que creemos ser y lo que queremos ser.

Dimensiones del ser: las dimensiones del ser son la física, la cognitiva, la afectiva, la social, la comunicativa, la espiritual o trascendente, la estética y la ético-moral.

Ego: es la instancia psíquica mediante la cual el individuo se reconoce como un «yo» singular y es consciente de su identidad. El «yo» equilibra lo que en el psicoanálisis freudiano es el ello (deseos e impulsos, en su mayor parte inconscientes), y el superyó (moral y reglas sociales, inconscientes y conscientes). El «yo», que los equilibra, satisface sus necesidades e impulsos a través de parámetros sociales.

Consciencia: la consciencia es un estado mental en el que se tiene conocimiento de la propia existencia y de la existencia del entorno. Cada uno es dueño de su experiencia, pero, a pesar de tener muchos elementos subjetivos, puede ser enfocada de una forma objetiva.

Los estados mentales conscientes son solamente posibles al estar despiertos, al tener una mente operativa y/o al tener sentido en esa mente, de ser uno mismo el protagonista de la experiencia, un sentido automático, no inducido ni deducido (Damasio, A, 2010).

La consciencia oscila en intensidad, desde apagada, a punto de dormirnos, hasta muy aguda, cuando estamos en un máximo de atención. Puede ser de mínimo alcance, como en el aquí y ahora, o de gran alcance, a la que Damasio llama autobiográfica.

Niveles de consciencia: la consciencia está siendo estudiada desde todo punto de vista por diversos autores. En su aspecto evolutivo, me voy a referir a los estudios de Beck y Cowan (1996), quienes basan la evolución de la consciencia en un sistema de valores prioritarios que se mueven en una dinámica espiral. Sus estudios fueron basados en investigaciones anteriores de Clare W. Graves (1914-1986). Llegan a establecer ocho niveles de consciencia, que van desde las formas más primitivas, evidenciadas en las primeras civilizaciones, donde lo que privaba era la supervivencia; siguiendo hacia niveles de consciencia mágica, egocéntrica, autoritaria, competitiva, comunitaria y las formas superiores hasta ahora conocidas, como son la consciencia integral y la holística.

La consciencia integral considera conocimiento y sentimiento. Los conocimientos y las competencias se sobreponen al poder. La opinión consensuada del grupo tiene valor, y la igualdad se complementa con escalas naturales de competencia y excelencia. El progreso está en ayudar a cada ser humano a desarrollar su potencial. Solo el 1 % de la población se encuentra en este nivel de consciencia, y solo el 5 % de las personas que ostentan poder.

La consciencia holística es aquella en la que el yo es independiente, pero a la vez se siente parte de un todo integral y compasivo. Las acciones son cooperativas. Todo está en relación con todo, se es parte de la complejidad de un sistema y un ecosistema. Un 1 % de la población se encuentra en este nivel de consciencia, y solo está presente en el 5 % de las personas que ostentan el poder.

Más allá del yo: en el camino del autodescubrimiento y expansión de la consciencia, se llega al nivel transpersonal, donde salimos de nosotros mismos hacia los demás, impulsados por el amor, por la compasión, por la empatía y por mucho más. El nivel de la trascendencia crea el vínculo con el Todo, con lo que nos contiene a todos, y que va más allá de ti, de mí y de nosotros. Por algunos es llamado Dios; por otros, Universo, Cosmo, Energía del Cosmo, Mente Mayor...

Reconciliación de la ciencia con la espiritualidad: a través de los estudios de la física cuántica y de las neurociencias, se están encontrando vías comunes que llevan al vínculo de todo cuanto existe. Por ejemplo, las similitudes de la composición del universo y la del ser humano, que llevan a una reflexión muy profunda. Estamos formados por casi todos los elementos del universo. Nuestra unidad de composición más ínfima son átomos y elementos subatómicos, y entre estos elementos lo que más existe son espacios vacíos, igual que en el universo, donde altísimo porcentaje de este se presenta como espacio vacío, y la ciencia está demostrando que no es realmente un espacio vacío, porque está repleto de energía.

Lo que llamamos materia, por otra parte, también es energía, solo que es la manifestación más densa de la energía.

El inconsciente colectivo de Jung, Dios como inteligencia, mente mayor, matriz de interconexión, energía y vibración de diferentes frecuencias de todo lo que existe, solo nos habla de un mundo invisible, oculto, misterioso y de energía, mente, consciencia, potenciales y posibilidades, un mundo que está allí, fuera de nosotros. Todas estas son razones por las que resultaría muy triste conformarnos solo con lo que vemos o con lo que nos identificamos, al ser una visión muy recortada de la realidad.

La invitación es a abrirte a la información existente, ya que ha habido muchos cambios de paradigmas, e ir hacia lo más profundo de ti, donde encontrarás información en forma primigenia. Allí encontrarás tu verdadera identificación y tu verdadera espiritualidad. Somos vínculos, somos interconexión.

Espiritualidad y salud

Numerosos estudios recientes vinculan la espiritualidad con la salud. Al respecto, cantidad de trabajos están disponibles en diferentes áreas del saber. Existen institutos dedicados a este tipo de investigación, así como especialidades que la abordan, como las neurociencias, y específicamente la neuroteología.

Se ha evidenciado en las personas espirituales y religiosas un aumento de la calidad de vida y bienestar, relaciones interpersonales de calidad, motivación personal, tareas creativas, comportamientos de salud, disminución del tiempo de recuperación de enfermedades, menor tiempo de hospitalización, calma, quietud, relajación, menos arritmia en personas mayores, reducción de la mortalidad cardiovascular y cáncer, mejoría de la respuesta inmune, mejor afrontamiento hacia la enfermedad, sentimiento de esperanza, menor índice de suicidio y, en general, menos comportamientos de riesgo para la salud.

Coaching e identidad

1.   ¿Quién eres?

La identidad tiene que ver con cómo te identifican y cómo tú mismo te identificas. El «cómo te identifican» se relaciona con los rasgos principales que muestras de tu personalidad, que te hacen ver como único y distinto, diferente a los demás. Son rasgos mantenidos en el tiempo. También te identifican por los papeles que juegas, como tu profesión, ser padre o madre, tu etnia.

El «cómo te identificas tú mismo» tiene un carácter más subjetivo, porque tiene que ver con la percepción que tienes de ti mismo.

No eres tus pensamientos, no eres tus emociones.

No eres tu profesión, tu raza, tu procedencia…

¿Quién eres?

Es una respuesta íntimamente ligada a la esencia de tu ser y proyectada en tus dimensiones. La esencia de tu ser es una consciencia de trascendencia, de autoperfección y de amor. De manera que, si quieres generar una buena respuesta, ve hacia la esencia de tu ser y, desde tu grandeza, respóndete quién eres. De allí viene el respeto por ti mismo, allí comienza tu autoestima, tu dignidad y todas las características virtuosas y éticas que puedes desarrollar.

Lo que eres y/o lo que piensas que eres dirige tus creencias y valores, validándolos, y hace contacto con tu visión transpersonal y trascendente. Por otra parte, dirige tus comportamientos.

2. ¿Quién quieres ser?

Estas preguntas tienen que ver con lo que quieres alcanzar en tu vida. Tus capacidades o talentos, tus motivaciones más profundas y lo que te apasiona juegan un papel importante en lo que quieres ser hacer y tener en tu vida. De allí nace tu propósito de vida, que será como el GPS que traza la ruta más importante, en la que se enlazan esfuerzos y satisfacciones, desarrollo y felicidad, salud y bienestar pleno.

3. «El viaje del héroe» (Dilts, R, 2011).

Es un itinerario de autodescubrimiento, propuesto originalmente por Joseph Campbell, de crecimiento personal y cambio vital. Es descubrir la misión personal, un mapa de ruta de cómo tratar los desafíos en la vida siguiendo un itinerario. Varios autores han escrito sobre él. Una crisis te puede llamar a realizar el «Viaje del héroe». Resumo los puntos clave del viaje, pero si lo quieres practicar tal cual está descrito por Dilts como ejercicio, puedes ir a la referencia.

Los puntos principales del viaje son:

◊ Aceptar lo que se ignora y enfrentarse a la frontera de la incapacidad.

¿Cuál es tu límite de seguridad?

◊ Dar respuesta a las preguntas: «¿dónde se debe entrar para resolver la crisis?».

«¿Qué estás llamado a hacer?» (puedes utilizar una metáfora que te describa, como águila, guerrero, mago..., la que te identifique), «¿qué sientes que te retiene?».

¿Cuál es la intención positiva de la resistencia que tienes?

¿Qué recursos tienes para pasar la frontera? ¿Cuáles vas a tener que desarrollar? Cruzar la frontera significa salir del área de seguridad actual para crecer y evolucionar.

◊ Buscar apoyo y guía.

◊ Enfrentarse al reto y cruzar.

Completar la tarea a la que hemos sido llamados a través del descubrimiento y desarrollo de nuestra vocación, creando un nuevo mapa del mundo, donde incorpores el crecimiento y los descubrimientos del viaje.

◊ Encontrar el camino de regreso a casa como una persona transformada.

◊ Compartir con otros la experiencia y conocimientos obtenidos como resultado del viaje.

4. Afirmaciones positivas

«Existo, soy valioso, auténtico, tengo algo que aportar».

Cambiarás las frases con contenido negativo, por ejemplo «siempre dejo que se aprovechen de mí», por afirmaciones positivas: «debo mostrar mi fortaleza y marcar mis límites».

5. Trascendiendo el ego

El ego genera problemas cuando haces que destaquen rasgos excesivos en ti, que lejos de realizar logros, en realidad limitan tu crecimiento, van en contra de la visión de desarrollo dentro del conjunto, dan lugar a fricción en las interrelaciones personales, no te dejan apreciar la totalidad y te desconectan de tu esencia. Rasgos excesivos serían, por ejemplo, el manipulador, el soberbio, arrogante, envidioso y el que todo lo sabe. Estos son como «personajes» o subpersonalidades.

Para atender a los «personajes» es necesario, en primer lugar, darte cuenta de que hacen vida contigo. Es parte de una observación muy honesta. Cuando estés en una interrelación, visualiza desde qué «personaje» estás actuando o reaccionando. Cuestiónate qué es lo que obtienes o quieres obtener con ese «personaje» que no puedes gestionar desde tu autenticidad. Libéralo y libérate de él. Para eso tienes que liberar la necesidad que estás gestionando a través de él. Así, lo primero es hacer consciencia y luego liberar las necesidades, la de querer tener lo que otros tienen, la necesidad de ostentar fama, la necesidad de sentirte superior a otros... Reencuéntrate con tu ser auténtico, haz planes y celebra logros desde ese ser único que eres.

Coaching y espiritualidad

El nivel de espiritualidad de la pirámide de R. Dilts se refiere a la visión transpersonal, trascendente. Las preguntas que corresponden con este nivel son: «¿para quién?», «¿para qué».

Robert Dilts trata el nivel espiritualidad en su libro Coaching, herramientas para el cambio como «despertar» a ese «algo» que nos trasciende a nosotros mismos. Visión, propósito y espíritu se encuentran en este nivel. La espiritualidad da la sensación subjetiva de ser parte de un «campo»,de estar conectado a «algo más grande».

Para el ser humano existe una motivación subyacente a la búsqueda de trascendencia, en la que se encuentran la visión, la misión y el propósito de la vida.

Andrés Brito y José Vicente García (2014) publicaron un artículo sobre el alcance y la utilidad del uso de la pirámide de niveles neurológicos, una revisión de lo que ha sido la pirámide y de las modificaciones que diversos autores han realizado sobre ella. Los autores mencionados proponen, en este artículo, una modificación del nivel espiritual, dividiéndolo en dos partes, por considerarlo más funcional. Uno de ellos, el más cercano a la identidad, es el nivel transpersonal y obedece a la pregunta «¿para quién?», y el nivel superior, que corresponde a la trascendencia, donde la pregunta propuesta es «¿para qué?». Yo, personalmente, me adhiero a esta modificación, porque me parece razonable, útil en la práctica y que tiene mucho sentido, ya que salimos de nosotros mismos, por una parte, hacia los demás (transpersonal), y por otra hacia ese algo que nos rebasa a todos, que es Dios, Absoluto, Universo (trascendente).

¿Qué es lo transpersonal?

Lo transpersonal es la salida de nosotros mismos hacia los demás, es parte de la trascendencia y es parte de la espiritualidad, porque no podemos alinearnos en un vínculo con Dios, con la Mente Mayor o como sea de tu preferencia llamarlo, si no salimos hacia la interrelación con los otros seres humanos y el mundo, como parte de ese sistema complejo mayor, intuido y misterioso, adonde vamos todos y que nos arropa a todos.

¿Qué es trascendencia?

Es la propiedad humana que nos caracteriza como esencia. Estamos abiertos radicalmente a la trascendencia, hacia un orden superior de experiencia que muchos llamamos Dios, y ocurre a partir de lo sensible que acontece en el mundo. El ser humano se sabe finito, pero se abre hacia lo infinito. Se trata esta de una capacidad de apertura hacia la manifestación de Dios, de lo intangible y del misterio. Si el hombre no tuviese esta capacidad, sería imposible la experiencia. La trascendencia se da en un espacio de libertad, es una libre decisión personal, donde, en la comprensión Dios, hombre y mundo, se busca la genuina identidad que abre hacia la espiritualidad.

¿Qué es la espiritualidad?

La espiritualidad está sujeta a muchas interpretaciones. En primer lugar, a las religiones por revelación judeocristiana e islámica, a las tradiciones antiguas orientales y, más aún, a lo que cada cual siente sobre qué es y cómo expresa su «espiritualidad». Si consideramos a Dios como espíritu, espiritualidad es dejarse llevar por el espíritu, en nuestro ser y en nuestro hacer. A través de la historia, la experiencia de Dios se ha buscado, en muchas oportunidades, aislándose del mundo. Hoy en día, se busca y se da en el mundo, cultivando el vínculo trascendente, tanto directamente individuo y Dios como individuo y relaciones interpersonales; es decir, experiencia de Dios en lo cotidiano.

La trascendencia incluye la visión de formar parte de un todo, más allá de lo sensible, y esa visión da consistencia a la forma en que nos asumimos a nosotros mismos y asumimos el mundo. Es la respuesta al «para qué». Valida nuestro propósito, sentido y misión personal en el conjunto y la diversidad.

Propósito de vida. Darle un significado a tu vida

¿Cómo orientarte? Responde a estas preguntas:

¿En qué te destacas?

¿En qué eres bueno?

¿Qué disfrutas y te resulta fácil hacer?

¿Qué harías, aunque no te pagaran por eso?

¿Con qué actividad te sientes fluir y se te olvida que pasa el tiempo?

¿Para qué estarías dispuesto a esforzarte?

¿Estás haciendo lo que quieres?

¿Seguirías haciendo lo que haces ahora para el resto de tu vida?

Todos tenemos un llamado para hacer algo que da sentido a nuestras vidas, algo que hacemos con lo mejor de nuestras capacidades, por nosotros y para los demás. No hay una fórmula de propósito o sentido, cada quién debe encontrarlo. Si sientes que todavía no tienes claro tu propósito de vida, comienza por contestar a mis preguntas, piensa y sé sincero contigo mismo. Sin un propósito, cualquier estrategia personal o de negocios es insuficiente.

La falta de sentido de la vida puede generar lo que se llama «vacío existencial», donde la persona, a pesar de que pudiera tenerlo todo, no se siente feliz, sino que le falta algo, lo cual puede llegar a provocar problemas de salud.

Tu misión

Las misiones nacen de los propósitos, y son como los proyectos y planes de acción que van cumpliendo tu propósito. Van variando de acuerdo con la etapa de la vida.

Más preguntas para ti, dirigidas hacia la visión trascendente de tu vida

¿Cuánto te importan las personas, la familia y los amigos? ¿Te sientes conectado con los otros seres humanos? ¿Te importa lo que le pase a cualquier ser humano, esté en la geografía en que esté? ¿Qué serías capaz de hacer por otro ser humano que no conoces y está en problemas? ¿Crees que todos somos iguales? ¿Crees que todos merecemos respeto? ¿De qué manera contribuyes a la comunidad? ¿Cooperas?

¿Expresas compasión? ¿Expresas justicia? ¿Expresas respeto por los demás? ¿Cuidas de la naturaleza? Recuerda que todos estamos conectados.

Promoción de destrezas espirituales y coaching

- **Autotrascendencia.** Expande el yo más allá de lo que conoces, te remite más allá de ti mismo.
- **Conserva la capacidad de asombro** y de admiración que invita a la reflexión.
- **Acciona el autoconocimiento** con las habilidades de inteligencia intrapersonal.
- **Haz un listado de tus valores éticos.**
- **Disfruta la belleza.** Es una experiencia que acontece en el interior del ser humano. Es una vivencia espiritual.
- **Ten sentido del misterio.** El misterio es el principal impulsor de la ciencia, y su vivencia es más intensa cuando se proyecta sobre ti mismo. Ante el misterio de las realidades últimas de frente a la realidad de la muerte, encontramos motivaciones profundas hacia la realidad de la vida.
- **Busca la sabiduría.** El saber se relaciona a lo esencial, a las causas y los fines últimos de la realidad, y a la visión global de la existencia: «¿qué lugar ocupo en el mundo?». Encuentra tus mejores respuestas en la sabiduría. La sabiduría no es saber, es saber utilizar el saber, es el arte de vivir.
- **Siente la pertenencia al Todo.** Este sentimiento te faculta para tomar consciencia de la íntima relación que hay entre todo. Es la consciencia cósmica, por lo tanto, todo te incumbe.
- **Supera la dualidad.** Consiste en ver al otro como una realidad que emana del mismo principio, como un ser que forma también parte del Todo. Desaparece la distancia entre el yo y el tú. La vivencia profunda de la unidad da lugar a las experiencias místicas, las cuales no son solamente del dominio de las personas religiosas.

- **Escucha la llamada interior.** Si le prestas atención, sabrás cuál es el propósito al que estás llamado en tu existencia.
- **Elabora ideales de vida.** El ser humano aspira a la realización de ciertos ideales en su vida, y se convierte en un drama el hecho de no aspirar a nada.
- **Tu capacidad de religación.** Es la capacidad de vincularte con la «divinidad». La espiritualidad es la búsqueda y el encuentro de la «divinidad». La religiosidad es el reconocimiento de la divinidad, y a la vez adscribirse a ritos, normas y creencias que maneja una determinada comunidad religiosa. La espiritualidad no implica tener una religión, mas la religión sí implica tener espiritualidad.
- **Sentido del humor.** Es, en el fondo, una reflexión en clave sobre la propia labilidad, que relativiza los males o contratiempos.

Cultivo de la espiritualidad

Puedes cultivar tu espiritualidad, el vínculo con la «divinidad», través de la implementación del silencio interior; la oración; la meditación; de encontrarte con tu verdadera identidad; de tener la experiencia de paz y serenidad con el cultivo de tu interioridad como vivencia, como diálogo interno positivo y trascendente; en la contemplación, captando la realidad en lo escondido; y de reflexiones de tipo filosófico, o arte de hacerte preguntas y generar respuestas. Otras formas de sentir la espiritualidad ocurren a través de la corporalidad, por ejemplo, en el ejercicio físico, en la música y en la práctica de la solidaridad.

La proyección de la espiritualidad está en todos los ámbitos de la vida: lo personal, dinámicas mentales, afectivas, lo existencial, relaciones, familia, ocupación, diversión, ocio, salud…

Identidad y espiritualidad se enlazan para vivir lo que realmente eres desde tu esencia y proyectarte con un propósito de vida hacia lo que son tus vínculos.

Mi propuesta para ti

Si al reflexionar no encuentras que tienes un propósito en tu vida, si no tienes una visión de conjunto, si no estás contento con lo que estás viviendo y piensas que quieres algo con más significado… cuestiónate, busca respuestas y busca la dirección correcta.

Educa a tus hijos en la autenticidad, enséñalos a que se expresen desde la esencia de su ser y a tener sensibilidad, que aprendan a gestionar lo que puedan ser obstáculos, límites e inseguridades en su desempeño diario, que descubran sus motivaciones profundas, sus talentos y lo que les apasiona hacer. Que se acostumbren a vivir sin recurrir a personajes de máscara, que disfruten de vivir desde lo auténtico.

La espiritualidad es la vía más directa hacia la alineación de nuestras facultades y el equilibrio de nuestras dimensiones.

Alinea tu visión, tu ir hacia los demás, hacia ese algo o alguien superior a todos, y vive desde tu ser auténtico con creencias y valores que soporten tu propósito de vida. Usa tus capacidades y tus mejores sentimientos y comportamientos en una vida llena de sentido, saludable, armoniosa, creativa, productiva, en abundancia y feliz.

Otras preguntas para ti

Preguntas fundamentales de tu existencia.

¿Para qué estoy en el mundo?

¿Qué sentido tiene mi existencia?

¿Qué sentido tiene el mundo?

¿Qué merece la pena hacer en la vida?

¿Qué es la vida?

Y, después de esta vida, ¿qué?

¿Para quién hago lo que hago?

¿Para quién mis esfuerzos?

¿Para qué mi vida?

¿En qué clase de mundo quiero vivir?

¿Qué hago para que el mundo sea mejor?

¿Qué lecciones de valor doy a mi familia para sus vidas?

Mi última pregunta, en este capítulo, para ti:

¿Cómo quieres que te recuerden cuando ya no estés?

Conclusiones

1. Los niveles superiores de la pirámide de niveles neurológicos se corresponden con la identidad, «¿quién soy?», y la espiritualidad, «¿para quién?», «¿para qué?».
2. Identidad es la percepción que tienes de ti mismo.
3. El ser es lo que, como ente, eres.
4. Esencia es lo que constituye el ser, y es trascendente.
5. Las dimensiones del ser son: física, cognitiva, afectiva, espiritual, social, comunicativa, estética y ético-moral. La salud se expresa a través de todas ellas.
6. Por medio de la consciencia somos dueños de nuestras experiencias. Tenemos consciencia de nosotros mismos y consciencia autobiográfica.
7. Vive desde tu ser auténtico, no desde «personajes» ajenos, que se constituyen en máscaras.
8. La espiritualidad es una dimensión humana, y tiene aspectos relacionados hacia los «otros» y hacia la «alteridad» que nos rebasa y nos incluye a todos.
9. La inteligencia espiritual contempla destrezas.
10. El cultivo de la espiritualidad se da en la práctica del silencio, la interioridad, el autoconocimiento, la valoración, el gozo estético, la práctica de la contemplación, las reflexiones de índole filosófico, la solidaridad, el servicio, la música, la meditación, la oración, para los cristianos pasa por la compasión, la justicia y la solidaridad. Es decir, por la fraternidad.

CUESTIONARIO
PREGUNTAS

Realicé una encuesta de seis preguntas a cincuenta sujetos. Cada una de estas preguntas está relacionada al contenido de cada capítulo del libro.

Capítulo 1: ¿Salud es la ausencia de enfermedad?
Respuesta esperada: Falso

Capítulo 2: ¿El coaching de salud es para educar a las personas en materia de salud?
Respuesta esperada: No

Capítulo 3: En la mayoría de las enfermedades, ¿la herencia es determinante?
Respuesta esperada: Falso

Capítulo 4: ¿Controlar tus emociones es fácil?
Respuesta esperada: Falso

Capítulo 5: ¿Tú cuestionas tus creencias para saber si te limitan o te empoderan en el logro de lo que quieres?
Opcional

Capítulo 6: ¿La espiritualidad es para quien practica una religión? Respuesta esperada: Falso

	Pregunta 1		Pregunta 2		Pregunta 3	
	Verdadero	Falso	Si	No	Verdadero	Falso
Sujetos	33	17	43	7	18	32
Porcentajes	66%	34%	86%	14%	36%	64%
	Pregunta 4		Pregunta 5		Pregunta 6	
	Verdadero	Falso	Si	No	Verdadero	Falso
Sujetos	7	43	29	21	1	49
Porcentajes	14%	86%	58%	42%	2%	98%

COMENTARIOS ACERCA DE LAS PREGUNTAS Y RESULTADOS DEL CUESTIONARIO

Capítulo 1. El ser humano - Dimensiones humanas y salud

La pregunta fue dirigida hacia el concepto de salud: ¿Salud es la ausencia de enfermedad?

El 66 % de las personas respondió «verdadero», y el 34 %, «falso». En el capítulo explico el concepto vigente de salud por parte de la OMS desde 1946: «La salud es un estado completo de bienestar físico mental y social, y no solo la ausencia de enfermedad», concepto al cual posteriormente se agrega la dimensión espiritual dentro del marco holístico.

En el capítulo uno amplío la información sobre las dimensiones de la salud.

Capítulo 2. Coaching de Salud, ¿qué puedes esperar?

La pregunta fue ¿el coaching de salud es para educar a las personas en temas de salud?

Ochenta y seis por ciento de las respuestas fueron «sí» y 34 % fueron «no».

En el capítulo dos trato los aspectos más relevantes del coaching, lo que es y lo que no es.

El coaching es una disciplina donde se facilita la transformación que quieren las personas, accediendo a su propio potencial, sacando sus recursos e involucrándose activamente en el proceso. En el caso del coach de salud, persigue resultados favorables en relación con la salud en su concepto holístico. De tal manera, básicamente, su finalidad no es educar.

Capítulo 3. Nivel entorno y comportamientos - Espacios de libertad y responsabilidad

La pregunta fue: En la mayoría de enfermedades, ¿la herencia es determinante?

Las respuestas fueron «verdadero» 36 %, y «falso» 64 %.

No es la herencia la causa de la mayoría de enfermedades, de manera que la respuesta me permitió hacer hincapié en la influencia de los comportamientos de riesgo sobre el origen de las enfermedades. El estilo de vida es el verdadero determinante en la activación o desactivación de genes, de acuerdo con los estudios recientes de la epigenética, es decir, los factores que influyen en la salud o enfermedad más allá de la genética. De esta manera, en el capítulo insisto en la concientización de los comportamientos de salud y doy herramientas prácticas, desde el coaching, para la identificación de las causas internas de comportamientos de riesgo y algunas formas de intervención sobre la transformación de estos.

Capítulo 4. El papel protagónico de las emociones, sentimientos y su gestión en la salud y la enfermedad

La pregunta fue: ¿Controlar las emociones es fácil?

Ochenta y seis por ciento de las personas respondió «falso» y 14 % respondió «verdadero».

Controlar las emociones es parte de una gestión inteligente. Las emociones negativas, como la ira, hostilidad, depresión, ansiedad y el estrés crónico, son causa de innumerables consultas médicas y subyacen muchas veces a los comportamientos de riesgo.

Capítulo 5. Nivel creencias y valores - Cuestiónate y empodérate

La pregunta fue: ¿Tú cuestionas tus creencias para saber si te limitan o te empoderan en el logro de lo que quieres?

A este respecto, la respuesta era opcional.

El 58 % respondió que «sí» cuestiona sus creencias, y el 42 % respondió que «no». De acuerdo con la importancia que reviste cuestionarse o no las creencias, insisto en el tema, en las creencias limitantes más frecuentes, en cómo detectarlas y cómo, con métodos sencillos, podemos cambiar creencias de limitantes a capacitantes y empoderantes. Ante la presencia de dificultades para un logro, invito al cuestionamiento de las creencias que pueden estar en la base de dicha dificultad.

Capítulo 6. Niveles identidad y espiritualidad

La pregunta fue: ¿La espiritualidad es para el que practica una religión?

El 98 % respondió «falso», y 2 % «verdadero». La espiritualidad es un tema muy actual, y las personas se abocan a ella desde distintas concepciones. Ya es un hecho que la consideran algo no religioso, sino más bien humano. Me refiero en este capítulo, entonces, en la parte correspondiente a espiritualidad, a su gestión por medio de la inteligencia espiritual, a la búsqueda de respuestas existenciales y de sentido de vida, y a aquellas que generan respuestas hacia lo transpersonal, trascendente y satisfacción de vida para impulsarla.

Conclusión sobre el cuestionario

Pienso que fue un cuestionario bastante sencillo pero revelador, que me orientó para hacer énfasis en algunos aspectos en los capítulos correspondientes.

A las personas que tuvieron a bien participar en la encuesta les envié una retroalimentación sobre las respuestas. A todos les reitero mi agradecimiento por su disposición para responder tan rápido, lo que me permitió obtener muy pronto los resultados.

CONCLUSIONES

Haciendo un recuento final sobre lo tratado, presenté, en primer lugar, al ser humano en su complejidad y sus dimensiones, ya que es el protagonista de su salud y sus experiencias vitales. Me referí a las nuevas formas de enfocar la salud, en su reciente visión, sobre todo lo que la favorece, en vez del enfoque tradicional, relacionado a lo que la empobrece. Describí, luego, lo que es el coaching, y muy en especial el coaching de salud, ya que el resto del trabajo estaría relacionado exactamente a salud y coaching.

La metodología en que el coaching aborda la salud consigue la activa participación del *coacheé* y su compromiso para sacar sus propios recursos y dar emergencia al potencial, lo que le permite conseguir los resultados deseados. El coaching ofrece también un espacio para el desarrollo personal, que va a proyectarse en el logro duradero de los objetivos fijados. Utilicé una poderosa herramienta de coaching para el desarrollo de mi trabajo, como es la pirámide de niveles neurológicos, donde transitamos detenidamente cada uno de sus niveles: básicos, intermedios y superiores. En cada nivel desarrollé aspectos teóricos que me parecieron de importancia para entender mejor su significado y la perspectiva que te brindan, a efectos prácticos, en lo que se refiere a tu salud. Todos los contenidos del tránsito estuvieron ajustados a la visión, metodología y uso de herramientas del coaching para motivarte, ampliar tu consciencia e involucrarte en cada nivel en la dirección de tu salud.

Los objetivos planteados fueron propiciar el conocimiento de ti mismo, de tus procesos mentales, lo que es tu identidad verdadera, tu aspecto trascendente y cómo se alinean con tus comportamientos de salud o de riesgo para la salud. Por otra parte, tuve como objetivo que pudieras identificar dónde podrían estar tus dificultades, con el fin de tomar acción al respecto, y para ello te brindé varias herramientas. Afinar el poder del «observador» que eres te da la oportunidad de ampliar tu nivel de consciencia y darte cuenta de mucho de lo que no estabas percibiendo.

Quiero insistir en la disposición y la capacidad de centrar tu atención en tu propia mente para observar cómo funciona. En palabras de Daniel Siegel, autor de Mindsight, «observar cómo funciona la mente es tener la capacidad de ser conscientes de nuestros procesos mentales sin vernos arrastrados por ellos, llegar al fondo de cómo pensamos, sentimos y actuamos, para reencauzar nuestras experiencias interiores y tener más libertad de elección en nuestros actos cotidianos».

Confío en haber presentado con claridad que somos «el conductor del vehículo y el vehículo al mismo tiempo», y que tener una visión de nuestro lugar en el mundo y más allá de él, adoptar una posición de igualdad, compasión y solidaridad con los «otros» (en ese «nosotros» del que hablé como dimensión relacional); encontrar el significado que tiene nuestra vida y tener un propósito nos indica la dirección hacia donde queremos llegar y, a la vez, nos hace hilar las experiencias, decidiendo qué dejas atrás y qué es lo valioso para continuar. Mi sugerencia es empezar por allí para redimensionar tu vida y tu salud.

Vale la reflexión sobre lo que significa estar alineados en todos los niveles de la pirámide, ya que, como vimos, las experiencias surgen en diversos niveles y se van organizando de manera que unos niveles influyen en otros y, generalmente, es en sentido descendente. Puedes estar confundido, atrapado, estancado o adormecido en alguna situación. Haz la costumbre de ir dentro de ti y explorar qué estás pensando sobre ese algo en particular que te perturba o no te deja avanzar, qué estás sintiendo, cómo estás gestionando tu situación problema. Acude a la rutina de cuestionarte y buscar tus respuestas honestas, saca de tu ser el potencial adormecido para transformar lo que necesites transformar, para generar los resultados que quieres.

Los comportamientos son actividades motoras influenciadas, consciente o inconscientemente, por nuestra actividad mental. Pueden ser reactivos, es decir, una forma de responder a algún estímulo, o pueden ser premeditadamente dirigidos a algún fin.

Las capacidades están relacionadas a nuestros mapas mentales. Conectan con experiencias pasadas, a través de recuerdos, o futuras, a través de la imaginación. Obedecen al cómo hacemos lo que hacemos.

Los valores y las creencias son nuestros juicios sobre nosotros mismos, los demás y el mundo. Por medio de ellos atribuimos significado a lo que nos rodea, generan nuestras motivaciones y los permisos que nos damos para llevar a cabo acciones, y responden a la pregunta «¿por qué?». Las creencias producen cambios en las funciones fisiológicas por la relación que tienen con el sistema límbico y la corteza prefrontal, por lo que pueden afectar la salud y los procesos de curación.

El nivel identidad está relacionado al sentido de lo que somos, y, en un sistema único esta percepción organiza las creencias, capacidades y comportamientos. También la percepción de nosotros mismos se relaciona a los sistemas mayores de los que somos parte, y determina nuestro propósito y misión. La identidad está íntimamente ligada al sistema inmune, endocrino y otras funciones vitales profundas, por eso las transformaciones a nivel de identidad tienen efectos, del mismo modo, en la fisiología.

El nivel espiritual se relaciona al sentido de ser parte de algo mayor, más allá de nosotros mismos, y responde a las preguntas «¿para quién?» y «¿para qué?». En este sentido, según la modificación propuesta por Brito Galindo y García Perdomo para el nivel espiritual, citado por mí en los capítulos unos y seis, las preguntas serían para el nivel transpersonal «¿para quién?» y para el nivel trascendente «¿para qué?».

De esta manera, cuando te hagas consciente de que tienes un comportamiento inadecuado, inconveniente, riesgoso o que ya está afectando tu salud, revisa todo tu sistema, yendo a los niveles superiores, ya que cada nivel superior organiza el nivel inferior, y el comportamiento es uno de los más básicos, dependiente de todos los que están más arriba. Con esta guía, podrás realizar la transformación deseada y obtener los resultados que quieres, al alinear el nuevo comportamiento con los recursos o capacidades que necesitas, las creencias y los valores que lo sustentan, quién estarás siendo con el nuevo comportamiento y, finalmente, para qué lo estarás haciendo, cuál será tu trascendencia fuera de tu sistema.

Por último, me voy a referir al significado del título de este libro para ti: «Redimensiónate y exprésalo en salud».

Desde todos los puntos de vista, el ser humano es una unidad indivisible: cuerpo, mente (en sus aspectos cognitivos y afectivos), y espíritu. Además, somos seres relacionales, tú y yo hacemos un nosotros y no podemos prescindir de la interrelación, de manera que las dimensiones de lo que somos (corporalidad, psiquismo, espiritualidad y relaciones), son «dimensiones de nuestro ser», y van de la mano de las «dimensiones de la salud». Si en alguna de las dimensiones hay una falla, se va a reflejar en la totalidad de tu unidad, en tu salud y bienestar.

Haz consciencia de lo que es tu ser y date cuenta de lo que eres, de tu esencia, tu valor, tu proyección en el mundo y el significado de tu vida. Sentirte parte del Todo y estimarte a ti mismo y a lo que te rodea te dará la pauta para sentir la necesidad, la responsabilidad y el compromiso del cuidado de tu cuerpo, tu mente, tu espíritu y tus relaciones; en fin, de tu estar en el mundo.

Tú tienes el valor más alto de la creación/evolución. Si no fuese por ti, ¿quién contemplaría el universo? ¿Quién apreciaría la belleza? ¿Quién sería capaz de intuir lo que no ve y luego demostrarlo?

¡Somos seres únicos! Las rutinas nos han hecho perder la capacidad de asombro, de maravillarnos de las cosas que parecen pequeñas y realmente no lo son. Honremos nuestros cuerpos, la capacidad de razonamiento y la capacidad de amar, construyamos sobre nuestras fortalezas y ampliemos nuestras destrezas. Alinea, desde tu ser, todas tus facetas; vigila y cuida tus pensamientos, tus creencias y tus valores; desarrolla tus inteligencias y habilidades; gestiona tus emociones; valora tus dimensiones; crece desde tu ser en positivo hacia el desarrollo y la plenitud, la armonía, la integración, la paz, el gozo y la felicidad; trasciende sintiendo el significado de tu vida como parte de algo mayor, que te contiene a ti y a todos; siente cada una de tus dimensiones y, desde lo más profundo de tu ser, exprésalas en salud.

Las dimensiones de tu salud, cuerpo, mente, espíritu y relaciones, o dimensión social de la salud, son lo que eres tú mismo y son tu vida. La consciencia de salud está a la par de la consciencia de tu ser.

El universo está en expansión, como lo está nuestra consciencia. Expande tu vida, del ser al hacer y del hacer al tener, no lo contrario. Siente tu grandeza, vívela y disfrútala. No te pierdas en el camino y, si das un traspié o caes, levántate y rectifica, que para eso tienes la capacidad de aprender de las experiencias y realizar transformaciones oportunas. Por eso, si «humano es errar» también humano es rectificar, y salir fortificado del aprendizaje, para así continuar en la dirección de tu visión, sentido, propósito y misión de vida.

Mi mejor sugerencia para ti es «vive desde tu ser», desde lo que verdaderamente eres. Desarróllate en plenitud, en cuerpo, mente, espíritu y relaciones; comparte tu vida y experimenta el bienestar y la salud desde allí. En otras palabras.

¡Redimensiónate y exprésalo en salud!

BIBLIOGRAFÍA

Antonovsky, A. (1979). Health, stress and coping. San Francisco: Jossey-Bass Publishers.

Antonovsky, A. (1987). Unraveling the mystery of health: How people manage stress. San Francisco, California: Jossey-Bass Social and Behavioral Science Series.

Arloski, M. (2014). Wellness coaching for lasting lifestyle change. Duluth, MN: Whole Person Associates, Inc.

Armas, L. E. & Von Ruster, C. E. (2009). Manual de técnicas de PNL de estrategias PNL. PDF.

Arntz, W, Chasse, B. & Vicente, M. (n.d.). ¡¿Y TÚ QUÉ SABES?! Retrieved from https://fisicartes.files.wordpress.com/2017/01/y-tu-que-sabes.pdf.

Beck, D. E. & Cowan, C. C. (1996). Spiral dynamics: mastering values, leadership, and change. Cambridge, Mass: Blackwell Business.

Borquez, S. (2002). PNL tres letras para facilitar el cambio. Red PHAROS. V9, N1 mayo-junio.

Carrion, S. (1996). Curso de Practitioner en PNL (cuarta edición). Obelisco, 2005.

Graziano, L. (2018). Los hábitos de un cerebro feliz: reentrena tu cerebro para aumentar los niveles de serotonina, dopamina, oxitocina y endorfinas. Barcelona: Prisanoticias Colecciones.

Brito Galindo, A., & García, J. V. (n.d.). LA PIRÁMIDE DE NIVELES NEUROLÓGICOS DE DILTS Y EL PARA QUÉ: un modelo de modelos y una pregunta clave para el coaching. Retrieved from https://upeldem.files.wordpress.com/2017/04/la-pire280a0mide-de-niveles-neurolc2a2gicos-de-dilts-y- el-para-quccca7.pdf.

Bueno, L. (2019). 120 preguntas para alcanzar la vida que deseas. Versión digital.

Davidson, R. J. & Goleman, D. (2014). Emociones destructivas: cómo entenderlas y superarlas: diálogos entre Dalai Lama y diversos científicos, psicólogos y filósofos. Barcelona: Kairós.

Dilts, R. (2011). Coaching: herramientas para el cambio. Barcelona: Urano.

Dilts, R. (2018). Cómo cambiar creencias con la PNL. Málaga: Sirio.

Dolan, S. L. (2018). Coaching por valores (tercera edición). Madrid: LID.

Domit, M. (2006). Ser, hacer y tener: ¡atrévete a cambiar tu vida hoy! México: Diana.

Frankl, V. E. (2001). El hombre en busca de sentido. México: Herder.

Fredrickson, B. (2009). Positivity. New York: Three Rivers Press.

Gallwey, W. T, Hanzelik, E. S. & Horton, J. (2013). El juego interior del estrés. Málaga: Editorial Sirio.

Garcia, S. (2018). La inteligencia de valores: Un buen paso hacia dentro y tres hacia delante. San Vicente (Alicante): Editorial Club Universitario.

Goleman, D. trad González Raga David & Mora, F. (2009). Inteligencia emocional. Barcelona: Kairós.

Hernán Mariano, Morgan, A., & Mena Ángel Luis. (2010). Formación en salutogénesis y activos para la salud. S.l.: Escuela Andaluza de Salud Pública.

Jordan, M. (2013). How to be a health coach: an integrative wellness approach. San Rafael, CA: Global Medicine Enterprises, Inc.

Lindström Bengt, & Eriksson, M. (2011). Guía del autoestopista salutogénico camino salutogénico hacia la promoción de la salud. Girona: Documenta Universitaria.

Lipton, B. H. (2018). La biología de la creencia: la liberación del poder de la consciencia, la materia y los milagros. Madrid: Palmyra.

Maslow, A. H. (2014). Toward a psychology of being. Bensenville, IL: Lushena Books.

Miller, W. R, Rollnick, S. & Fernández Monserrat Asensio. (2015). La entrevista motivacional: ayudar a las personas a cambiar. Barcelona: Paidós.

Mittelmark, M. B. (2017). The handbook of salutogenesis. Switzerland: Springer Open.

Morin, E., & Pakman, M. (2011). Introducción al pensamiento complejo. Barcelona (España): Gedisa.

Navas, C. & Villegas, H. (2007). Espiritualidad y salud. Saberes Compartidos. Retrieved from http://servicio.bc.uc.edu.ve/cdch/saberes/a1n1/art5.pdf

OConnor, L. & Lages, A. (2005). Coaching con Pnl: guía práctica para obtener lo mejor de ti mismo y de los demás. Barcelona: Urano.

Piqueras, J. A, Ramos, V, Martínez, A. E, & Oblitas, L. A. (2009). Emociones negativas y su impacto en la salud mental y física. Retrieved from: http://publicaciones. konradlorenz.edu.co/index.php/sumapsi/article/view/136.

Roca, J. M. & Llagostera, C. (2018). Coaching y salud: pacientes médicos, una nueva actitud. Barcelona: Plataforma.

Ruiz, B. (2012, May). Coaching de salud un nuevo enfoque en el empoderamiento del paciente con enfermedades crónicas no transmisibles. MEDISAN, 16(5).

Siegel, D. J. (2011). Mindsight: la nueva ciencia de la transformación personal. Barcelona: Paidós.

Siegel, D. J. & Barberán, G. S. (2017). Viaje al centro de la mente. Barcelona: Paidós.

Staden, S. S. von. (2013). Energía cuántica: el secreto de las trasformaciones y sanaciones extraordinarias: 55 ejercicios que pueden cambiar radicalmente tu vida. Barcelona: Obelisco.

Stanier, M. B. (2016). The coaching habit: say less, ask more & change the way you lead forever. Toronto, Ont.: Box of Crayons Press.

Stoltzfus, T. (2008). Coaching questions: a coach's guide to powerful asking skills. Virginia Beach, VA: Tony Stoltzfus.

Torralba, F. (. (2016). Inteligencia espiritual. Barcelona: Plataforma.

Viciana, V. V. (2016). Coaching y espiritualidad: la espiritualidad como motor del cambio y del desarrollo personal. Madrid: Narcea Ediciones.

Whitmore, Sir J. (2017). Coaching for Performance. The principles and practice of coaching and leadership. 5 Ed. London: Nicholas Breadley Publishing.

WHO. Non communicable diseases. (2018). Retrieved June 2018, from https://www.who.int/news- room/fact-sheets/detail/noncommunicable-diseases.

ÚLTIMOS TÍTULOS PUBLICADOS:

Pisando serpientes (Ricardo Celis)

El lado oscuro de la sombra y otros ladridos (José Baroja)

La tierra que la vio nacer (Jacqueline Hernández Medina)

Dios, la esencia y la verdad (Liz Huerta)

Seúl: Diario de un amor (Melina Fuenmayor Gotera)

Alas en el corazón (Cristian Moreno)

Un desvío desde la soberbia (Héctor H. Carbajal)

Antes de morir (Laura R. Bruzzese)

Todo va a estar bien (Jean Samira)

La maternidad en tiempos de coronavirus (Raquel Caspi)

Cuentos para soñar y no querer despertar (Arlis Milán)

Historia del balonpesado como deporte autóctono colombiano
(Perea hijo, Murillo, Perea padre)

De vuelta al fogón. Descubriendo el calor de hogar en pandemia
(Eslania Carrión)

Hay un lugar en el mundo (Jesús Huarhua)

El brillo de la vida (César Medina)

Encuentros con alienígenas en los Andes (Roger Idelfonso Huanca)

El reciclador (Manuel Rijalba Palacios)

Amante. amor fugaz soledad perenne (OVI)

Volver a sonreír (José Araya)

Bosque oscuro (José Hernández González)

Magnolias entre las espinas de Ayacucho (Francisco Sáenz)

TSONKIRI (Danitza Crosby)

La música como la conozco (Juan Carlos Molina)

Mis días de resiliencia (Patricia Silva)

Pablo: una vida, una mujer, una oportunidad (Arlis Milán Mosquera)

Mujeres y hombres. Libertad y éxito o sobrevivencia y reproducción
(Héctor Vera)